maraboutchef

barbecue party

maraboutchef
barbecue party

pour vous mettre en appétit...

Bœuf au gingembre
et au vinaigre balsamique

Côtes de veau aux épices

Brochettes de bœuf
aux oignons

Côtes d'agneau au pesto
de tomates séchées

Brochettes de poulet satay

Cailles aux épices douces

Manchons de poulet
aux piments doux

Thon mi-cuit
aux légumes grillés

Crevettes au sel et au poivre

Queues de homards aux herbes et au citron vert

Burgers d'agneau et salsa de tomates

Hot dogs aux oignons caramélisés

Compote d'oignons rouges

Crème d'avocat

Potiron aux noix

Courgettes à la Chermoula

Meat Thermometer
Davis & Waddell

Quelques astuces pour devenir un pro du barbecue

Le choix du barbecue

Il existe deux types de barbecue : ouverts ou avec couvercle. Nous précisons lorsqu'il s'agit du barbecue couvert pour la réalisation des recettes.

• Un barbecue avec couvercle est souvent le plus pratique car vous pouvez l'utiliser comme un four lorsqu'il est fermé ou comme un barbecue traditionnel en le découvrant. Les petits barbecues à couvercle conviennent bien pour une terrasse ou un balcon.

• Si vous êtes souvent nombreux à table, vous aurez plutôt besoin d'un grand barbecue fixe.

• Si vous n'utilisez le barbecue que pour des cuissons rapides de steaks, de poissons, de côtelettes ou de saucisses, un barbecue portable ouvert vous suffira.

Le préchauffage du barbecue

Un barbecue à gaz ne mettra que 10 à 15 minutes pour chauffer, mais un modèle à bois ou à charbon de bois peut demander 1 heure de préchauffage.

Conseil basique

Attendez que le bois ait formé des braises pour commencer la cuisson et n'utilisez jamais de bois traité dans un barbecue. Ne posez pas les aliments trop près des braises si vous ne voulez pas qu'ils soient carbonisés.

La sonde de cuisson

Ce thermomètre vous aidera à déterminer le temps de cuisson des morceaux de viande les plus épais, mais ne le laissez surtout pas dans la viande pendant la cuisson. Insérez-le vers la fin de la cuisson et laissez-le quelques minutes, le temps que la température se stabilise.

Les brochettes

Si vous utilisez des brochettes en bambou, faites-les tremper dans de l'eau au moins 1 heure avant l'utilisation pour éviter qu'elles ne brûlent pendant la cuisson.

Les branches aromatiques

Quand vous taillez votre laurier ou votre romarin, mettez les tailles de côté, vous les jetterez dans le feu avant la cuisson. Leur parfum imprégnera les aliments et rehaussera la saveur des viandes, des poissons et des légumes.

Saignant, à point ou bien cuit ?

Évitez d'entailler un steak pour vérifier la cuisson car tout le jus s'en écoulerait. Au lieu de cela, appuyez votre pince sur la surface de la viande.

• Le steak saignant est souple au toucher, l'extérieur est cuit et brun, l'intérieur est rouge.

• Le steak à point est ferme, très brun à l'extérieur et rosé à l'intérieur.

• Le steak bien cuit est très ferme au toucher, très brun à l'extérieur et cuit uniformément jusqu'au cœur sans être desséché.

La cuisson du poisson en papillotes

Cette méthode est parfaite pour les poissons gras comme le saumon. Farcissez le poisson vidé et nettoyé d'herbes fraîches et de tranches de citron, salez puis poivrez, et badigeonnez l'extérieur d'un peu d'huile d'olive. Enveloppez-le dans plusieurs feuilles de papier journal et maintenez celui-ci avec de la ficelle de cuisine. Humidifiez soigneusement le papier et placez la papillote sur le barbecue. Tournez à mi-cuisson. Celle-ci durera environ 1 heure, en fonction de la taille du poisson. Retirez la peau du poisson avant de le déguster.

Les temps de cuisson

Les temps de cuisson sont donnés à titre indicatif car ils peuvent varier selon le type de barbecue.

Le nettoyage du barbecue

Le barbecue doit toujours être nettoyé après usage. L'opération est plus simple sur un barbecue encore tiède que lorsqu'il a refroidi et que les résidus d'aliments se sont incrustés. Pour tous les types de barbecue, utilisez une brosse métallique rigide et de l'eau froide (pas de détergent) pour récurer la grille et la plaque. Vaporisez ou badigeonnez la grille d'huile végétale avant de le ranger, vous lui éviterez ainsi de rouiller.

La sécurité

Gardez toujours à portée de main une bouteille remplie d'eau pour éteindre un éventuel embrasement. Ceci n'aura aucun effet néfaste sur les aliments cuits au gaz, mais dans un barbecue à bois ou à charbon de bois, les cendres s'envoleront et retomberont sur les aliments. Sur ces types de barbecue, n'utilisez donc cette méthode qu'en dernier ressort.

Viandes

Brochettes de bœuf au sésame

Pour 4 personnes

Préparation 45 minutes • Marinade 3 heures • Cuisson 10 minutes

500 g de rumsteck coupé en tranches minces
½ concombre épépiné et coupé en bâtonnets
6 ciboules coupées en fines lanières
80 g de germes de soja
1 carotte coupée en fines lanières
8 feuilles de laitue

Marinade
2 c. à s. de citronnelle fraîche finement hachée
1 oignon blanc moyen émincé
2 gousses d'ail pilées
2 c. à c. de sucre
2 piments rouges frais, épépinés et finement hachés
2 c. à c. d'huile de sésame
2 c. à c. de graines de sésame

Sauce pimentée
2 gousses d'ail finement hachées
1 piment rouge frais, épépiné et finement haché
1 c. à s. de sucre
2 c. à s. de jus de citron vert
60 ml de vinaigre de riz
60 ml de nuoc-mâm
60 ml d'eau

1. Placez le bœuf dans un grand saladier et nappez-le de marinade. Couvrez et laissez mariner 3 heures au réfrigérateur.

2. Enfilez les tranches de bœuf sur 16 brochettes.

3. Faites cuire au barbecue jusqu'à ce que le bœuf soit grillé et cuit à votre goût.

4. Répartissez le concombre, les ciboules, les germes de soja et la carotte sur les feuilles de laitue. Posez les brochettes dessus et arrosez d'un filet de sauce pimentée.

Marinade Mélangez tous les ingrédients dans un petit saladier.

Sauce pimentée Mixez tous les ingrédients jusqu'à obtention d'une sauce homogène.

Par portion *lipides 9,2 g ; 267 kcal*

Filet de bœuf au poivre

Pour 6 personnes

Préparation 10 minutes • Cuisson 20 minutes

70 g de poivre noir concassé
1 filet de bœuf de 1 kg
3 courgettes vertes émincées
3 courgettes jaunes émincées

1. Étalez le poivre sur toute la surface du filet en pressant bien pour qu'il adhère à la viande.

2. Coupez le filet en 6 tranches épaisses.

3. Faites cuire les tranches de filet et les courgettes au barbecue jusqu'à ce que les courgettes soient tendres et le bœuf grillé.

Par portion *lipides 8,6 g ; 254 kcal*

Entrecôtes à la moutarde

Pour 8 personnes

Préparation 10 minutes
Cuisson 1 h 10 au barbecue couvert

8 pommes de terre moyennes
8 entrecôtes
95 g de moutarde de Dijon
50 g de persil plat frais grossièrement haché
50 g de romarin frais grossièrement haché

1. Enveloppez chaque pomme de terre dans du papier d'aluminium et placez-les dans une grande barquette en aluminium. Faites-les cuire 1 heure au barbecue couvert (chaleur indirecte) jusqu'à ce qu'elles soient tendres.

2. Badigeonnez les entrecôtes de moutarde des deux côtés et faites-les cuire au barbecue jusqu'à ce qu'elles soient grillées. Parsemez-les de persil et de romarin.

3. Servez les entrecôtes accompagnées de pommes de terre.

Par portion *lipides 8,7 g ; 348 kcal*

Bœuf au gingembre et au vinaigre balsamique

Pour 4 personnes

Préparation 10 minutes • Marinade 3 heures • Cuisson 10 minutes

125 ml d'huile d'olive
60 ml de vinaigre balsamique
1 c. à s. de gingembre frais râpé
1 c. à c. de sucre brun
1 c. à c. de sauce soja
4 entrecôtes de bœuf

1. Versez l'huile d'olive, le vinaigre, le gingembre, le sucre et la sauce soja dans un récipient hermétique muni d'un couvercle puis secouez vigoureusement. Réservez 60 ml de cette préparation. Badigeonnez les entrecôtes de marinade. Couvrez et laissez reposer 3 heures au réfrigérateur.

2. Faites cuire les entrecôtes au barbecue jusqu'à ce qu'elles soient grillées, en les badigeonnant régulièrement avec la moitié de la marinade pendant la cuisson.

3. Nappez les entrecôtes avec la marinade réservée puis servez aussitôt avec une salade verte.

Par portion *lipides 37,3 g ; 470 kcal*

Tendrons de veau aux épices

Pour 4 personnes

Préparation 15 minutes • Marinade 3 heures
Cuisson 10 minutes

1 c. à c. de coriandre moulue
1 c. à c. de cumin moulu
½ c. à c. de piment moulu
2 c. à c. de zeste de citron râpé
1 c. à s. d'huile d'olive
4 beaux tendrons de veau

Salade de pois chiches et de tomates
300 g de pois chiches en boîte, rincés et égouttés
2 tomates épépinées et concassées
1 petit oignon rouge finement haché
2 ciboules finement hachées
2 c. à s. de coriandre fraîche finement hachée
1 c. à s. de menthe fraîche finement hachée
1 c. à c. de zeste de citron râpé
60 ml de jus de citron
80 ml d'huile d'olive

1. Mélangez la coriandre, le cumin, le piment, le zeste de citron et l'huile d'olive dans un grand saladier. Ajoutez les tendrons de veau. Couvrez et laissez mariner 3 heures au réfrigérateur.

2. Faites cuire les tendrons au barbecue jusqu'à ce qu'ils soient bien grillés. Servez avec la salade de pois chiches et de tomates.

Salade de pois chiches et de tomates Dans un saladier, mélangez les pois chiches, les tomates, l'oignon rouge, les ciboules, la coriandre, la menthe, le zeste et le jus de citron, et l'huile d'olive. Réservez au réfrigérateur jusqu'au moment de servir.

Par portion *lipides 27,7 g ; 416 kcal*

La salade de pois chiches et de tomates est meilleure si elle est servie très fraîche. Vous pouvez préparer tous les ingrédients à l'avance et les réserver séparément au réfrigérateur, puis les mélanger au moment de passer à table.

Tortillas au bœuf

Pour 4 personnes

Préparation 30 minutes • Marinade 3 heures
Cuisson 10 minutes

80 ml de sauce barbecue
1 c. à c. de cumin moulu
1 c. à c. de coriandre moulue
½ c. à c. de piment moulu
500 g de filet de bœuf émincé
1 poivron rouge, épépiné et émincé
1 poivron vert, épépiné et émincé
1 poivron jaune, épépiné et émincé
8 grandes tortillas
180 g de crème fraîche

Guacamole
2 avocats
1 c. à s. de jus de citron vert
1 gousse d'ail pilée

Salsa de tomates
2 tomates épépinées et concassées
1 oignon rouge finement haché
1 c. à s. d'huile d'olive
2 c. à c. de coriandre fraîche finement hachée

1. Mélangez la sauce barbecue, le cumin, la coriandre et le piment dans un saladier. Ajoutez le bœuf. Couvrez et laissez mariner 3 heures au réfrigérateur.

2. Faites cuire le bœuf et les poivrons au barbecue jusqu'à ce que le bœuf soit grillé et les poivrons tendres.

3. Pendant ce temps, enveloppez les tortillas dans du papier d'aluminium et réchauffez-les au barbecue. Garnissez les tortillas chaudes de viande et de poivrons. Nappez de crème fraîche et de guacamole. Ajoutez enfin la salsa de tomates et roulez les tortillas sur la garniture.

Guacamole Dans un saladier, écrasez grossièrement les avocats à la fourchette et incorporez le jus de citron et l'ail.

Salsa de tomates Mélangez les tomates, l'oignon, l'huile d'olive et la coriandre fraîche dans un petit saladier. Réservez au frais.

Par portion *lipides 53,3 g ; 828 kcal*

Tartines de bœuf grillé

Pour 4 personnes

Préparation 20 minutes • Cuisson 20 minutes

400 g de filet de bœuf
2 c. à s. de poivre noir concassé
2 c. à c. de zeste de citron finement râpé
6 petites tomates coupées en deux
8 tranches épaisses de pain complet
ou de pain de campagne, grillées
2 c. à s. de yaourt
2 c. à c. de moutarde à l'ancienne
30 g de feuilles d'épinard

1. Mélangez le poivre et le zeste de citron et enrobez le filet de bœuf de cette préparation.

2. Faites cuire au barbecue jusqu'à ce que le bœuf soit à votre convenance. Retirez-le du barbecue et laissez-le reposer 5 minutes à couvert.

3. Pendant ce temps, faites griller les tomates au barbecue jusqu'à ce qu'elles soient légèrement dorées.

4. Mélangez le yaourt et la moutarde puis tartinez le pain.

5. Coupez le filet de bœuf en 8 tranches. Disposez la moitié des épinards sur les tranches de pain et posez dessus les tranches de filet, les tomates et le reste des épinards.

Par portion *lipides 8 g ; 374 kcal*

Entrecôtes de bœuf sauce piquante

Pour 4 personnes

Préparation 5 minutes • Marinade 3 heures
Cuisson 10 minutes

60 ml de sauce soja
2 c. à s. de sauce aux huîtres
1 c. à s. de sauce hoisin
1 c. à s. de sucre brun
1 c. à s. de xérès sec
1 gousse d'ail pilée
1 c. à c. d'huile de sésame
4 entrecôtes de bœuf

1. Mélangez la sauce soja, la sauce aux huîtres, la sauce hoisin, le sucre, le xérès, l'ail et l'huile de sésame dans un grand plat creux. Ajoutez le bœuf. Couvrez et laissez mariner 3 heures au réfrigérateur.

2. Égouttez le bœuf et réservez la marinade.

3. Faites cuire les entrecôtes au barbecue jusqu'à ce qu'elles soient grillées. Badigeonnez-les de marinade réservée au cours de la cuisson.

4. Servez les entrecôtes accompagnées e salade.

Par portion *lipides 15 g ; 308 kcal*

Côtes de veau aux épices

Pour 6 personnes

Préparation 5 minutes • Marinade 3 heures • Cuisson 10 minutes

2 c. à s. de sauce aux huîtres
1 c. à s. de nuoc-mâm
1 c. à s. de sauce au tamarin
2 c. à s. d'huile d'arachide
2 c. à c. de cumin moulu
2 c. à c. de coriandre moulue
¼ c. à c. de piment moulu
1 c. à s. de sambal oelek
2 gousses d'ail pilées
6 côtes de veau

1. Dans un plat creux, mélangez la sauce aux huîtres, le nuoc-mâm, la sauce au tamarin, l'huile d'arachide, le cumin, la coriandre, le piment, le sambal oelek et l'ail. Couvrez et laissez mariner 3 heures au réfrigérateur.

2. Faites griller les côtes de veau au barbecue jusqu'à ce qu'elles soient cuites à votre goût. Arrosez régulièrement de marinade pendant la cuisson.

Par portion *lipides 9,3 g ; 201 kcal*

Brochettes de bœuf teriyaki

Pour 4 personnes

Préparation 20 minutes • Marinade 3 heures
Cuisson 15 minutes

800 g de rumsteck coupé en cubes
2 oignons jaunes moyens
coupés en grosses lamelles

Marinade
250 ml de sauce teriyaki
2 gousses d'ail pilées
1 c. à s. de gingembre frais râpé
1 c. à s. d'huile d'arachide
2 c. à c. de jus de citron

1. Mélangez le bœuf et la marinade dans un grand saladier. Couvrez et laissez mariner 3 heures au réfrigérateur.

2. Enfilez les cubes de viande et les lamelles d'oignons sur 8 brochettes. Faites cuire les brochettes au barbecue jusqu'à ce qu'elles soient grillées.

Marinade Dans un saladier moyen, mélangez la sauce teriyaki, l'ail, le gingembre, l'huile d'arachide et le jus de citron.

Par portion *lipides 13,9 g ; 388 kcal*

Brochettes de bœuf aux oignons

Pour 4 personnes

Préparation 20 minutes • Marinade 3 heures
Cuisson 10 minutes

700 g de rumsteck
18 oignons nouveaux coupés en deux

Marinade
125 ml de sauce tomate
175 g de miel
125 ml de jus de citron
2 c. à s. d'origan frais finement haché
1 c. à s. de gingembre frais râpé
1 c. à s. de sauce Worcestershire

1. Coupez le rumsteck en cubes de 3 cm.

2. Enfilez les cubes de viande et les oignons sur 12 brochettes.

3. Placez les brochettes dans un plat creux et arrosez-les de la marinade. Couvrez et laissez mariner 3 heures au réfrigérateur.

4. Faites cuire au barbecue jusqu'à ce que la viande soit grillée.

Marinade Mélangez dans un saladier la sauce tomate, le miel, le jus de citron, l'origan, le gingembre et la sauce Worcestershire.

Par portion *lipides 8,3 g ; 448 kcal*

Souvlaki d'agneau

Pour 8 personnes

Préparation 40 minutes • Marinade 3 heures • Cuisson 15 minutes

1,5 kg d'épaule d'agneau désossée
60 ml d'huile d'olive
2 c. à c. de zeste de citron finement râpé
125 ml de jus de citron
2 gousses d'ail pilées
2 c. à s. d'origan frais finement haché
420 g de yaourt
2 petits concombres épépinés et émincés
2 gousses d'ail pilées, supplémentaires
8 pitas
4 tomates moyennes coupées en tranches fines

1. Dégraissez l'agneau et coupez-le en cubes de 3 cm. Mélangez l'huile d'olive, le zeste et le jus de citron, l'ail et l'origan dans un grand saladier. Ajoutez l'agneau. Couvrez et laissez mariner 3 heures au réfrigérateur.

2. Mélangez le yaourt, les concombres et l'ail supplémentaire dans un petit saladier. Couvrez et laissez mariner 3 heures au réfrigérateur.

3. Enfilez les cubes de viande sur 16 brochettes.

4. Faites cuire l'agneau au barbecue jusqu'à ce qu'il soit doré.

5. Servez les brochettes accompagnées de yaourt aux concombres, de pitas et de tomates.

Par portion *lipides 21,5 g ; 641 kcal*

Côtelettes d'agneau à la marocaine

Pour 24 côtelettes

Préparation 10 minutes • Cuisson 10 minutes

24 côtes d'agneau premières
40 g de chermoula
quelques tiges de ciboule
pour décorer (facultatif)
250 g de baba ghanoush
2 c. à c. de graines de cumin grillées

1. Enduisez légèrement les côtelettes de chermoula et faites-les griller sur le barbecue jusqu'à ce qu'elles soient dorées et cuites à votre convenance.

2. Plongez quelques secondes les tiges de ciboule dans de l'eau bouillante. Nouez-les autour des os des côtelettes et recoupez les extrémités.

3. Posez sur chaque côtelette 1 cuillerée à café de baba ghanoush et quelques graines de cumin.

Par côtelette *lipides 5,7 g ; 94 kcal*

Originaire du Maroc, la chermoula est un mélange d'herbes et d'épices à base de coriandre, de cumin et de paprika.

Le baba ghanoush est une purée d'aubergines au sésame originaire du Moyen-Orient (en vente dans les grandes surfaces ou les épiceries fines).

Kebabs au baba ghanoush

Pour 6 personnes

Préparation 30 minutes • Cuisson 10 minutes

1 kg d'agneau haché
100 g de persil plat frais
grossièrement haché
2 c. à s. de coriandre fraîche
grossièrement hachée
1 jaune d'œuf
2 c. à c. de cumin moulu
1 c. à c. de garam masala
½ c. à c. de cannelle moulue
2 gousses d'ail pilées
200 g de baba ghanoush
prêt à l'emploi

1. Dans un grand saladier, mélangez à la main l'agneau haché, le persil, la coriandre, le jaune d'œuf, le cumin, le garam masala, la cannelle et l'ail.

2. Formez des boulettes ovales de la taille d'une cuillère à soupe. Piquez 2 boulettes sur chaque brochette.

3. Faites griller les boulettes au barbecue jusqu'à ce qu'elles soient dorées et cuites à point.

4. Servez les brochettes accompagnées de baba ghanoush.

Par portion *lipides 24 g ; 376 kcal*

Steaks de gigot au poivre et compote de tomates

Pour 4 personnes

Préparation 20 minutes • Marinade 3 heures • Cuisson 35 minutes

2 gousses d'ail pilées
2 c. à s. de poivre noir concassé
2 c. à c. de thym frais finement haché
2 c. à c. de zeste de citron finement râpé
1 c. à s. de farine
8 steaks de gigot
1 c. à s. d'huile d'olive

Compote de tomates

3 tomates épépinées et grossièrement concassées
1 oignon blanc finement haché
1 gousse d'ail émincée
200 g de sucre brun en poudre
2 c. à s. de vinaigre de malt
2 c. à s. de jus de citron

1. Mélangez l'ail, le poivre, le thym, le zeste de citron et la farine dans un saladier. Badigeonnez les steaks d'huile d'olive et enduisez-les de cette pâte, en pressant bien pour qu'elle adhère à la chair. Couvrez et laissez mariner 3 heures au réfrigérateur.

2. Faites griller les steaks au barbecue jusqu'à ce qu'ils soient dorés et cuits à votre convenance.

3. Servez les steaks accompagnés de compote de tomates.

Compote de tomates Mélangez les tomates, l'oignon et l'ail dans une casserole et portez à ébullition. Laissez bouillonner pendant 3 minutes jusqu'à ce que les tomates soient réduites en purée. Incorporez le sucre, le vinaigre et le jus de citron. Laissez bouillonner sans couvrir pendant 15 minutes jusqu'à ce que la purée commence à épaissir. Laissez refroidir avant de servir.

Par portion *lipides 19,3 g ; 734 kcal*

Vous pouvez préparer la compote de tomates jusqu'à 1 semaine à l'avance et la conserver au réfrigérateur.

Côtelettes d'agneau aux poivrons et purée de petits pois

Pour 4 personnes

Préparation 10 minutes • Cuisson 15 minutes

40 g de beurre coupé en petits morceaux
1 oignon jaune finement haché
80 ml de vin blanc sec
500 g de petits pois surgelés
1 c. à c. de sel
12 côtelettes d'agneau premières
300 g de poivrons marinés, égouttés
1 c. à s. d'écorces de citron confites

1. Faites fondre le beurre dans une casserole et faites revenir l'oignon jusqu'à ce qu'il soit tendre.

2. Ajoutez le vin, les petits pois et le sel, remuez et laissez mijoter à couvert pendant 10 minutes. Mixez jusqu'à obtention d'une purée lisse.

3. Pendant ce temps, faites cuire les côtelettes au barbecue jusqu'à ce qu'elles soient dorées.

4. Faites griller les poivrons sur le barbecue jusqu'à ce qu'ils brunissent des deux côtés.

5. Parsemez les côtelettes d'écorces de citron confites et servez avec la purée de petits pois et les poivrons grillés.

Par portion *lipides 30,7 g ; 550 kcal*

Brochettes d'agneau au pesto de menthe-pistaches

Pour 6 personnes

Préparation 20 minutes • Cuisson 15 minutes

1 kg de viande d'agneau, coupée en cubes

Pesto de menthe-pistaches
1 bouquet de menthe fraîche
50 g de pistaches grillées
25 g de parmesan grossièrement râpé
2 gousses d'ail pilées
1 c. à s. de jus de citron
60 ml d'huile d'olive
environ 2 c. à s. d'eau

1. Enfilez les cubes d'agneau sur 12 brochettes.

2. Faites cuire les brochettes au barbecue jusqu'à ce que l'agneau soit doré.

3. Servez les brochettes accompagnées de pesto de menthe-pistaches.

Pesto de menthe-pistaches Mixez ensemble la menthe, les pistaches, le parmesan, l'ail et le jus de citron jusqu'à ce que les ingrédients soient bien mélangés. Sans cesser de mixer, versez progressivement l'huile d'olive et juste assez d'eau pour obtenir une pâte homogène.

Par portion *lipides 26,1 g ; 395 kcal*

Côtes d'agneau au pesto de tomates séchées

Pour 6 personnes

Préparation 15 minutes • Marinade 3 heures • Cuisson 15 minutes

6 côtes d'agneau dans le filet
125 ml de jus de citron
125 ml de vin blanc sec
2 gousses d'ail pilées

Pesto de tomates séchées
150 g de tomates séchées
125 ml d'huile d'olive
80 g de pignons de pin grillés
25 g de parmesan râpé
2 c. à s. de jus de citron
2 gousses d'ail pilées

1. Dégraissez les côtes et placez-les dans un plat creux. Mélangez le jus de citron, le vin blanc sec puis l'ail et arrosez les côtes de cette sauce. Couvrez et laissez mariner 3 heures au réfrigérateur.

2. Égouttez les côtes d'agneau et jetez la marinade.

3. Faites griller la viande au barbecue jusqu'à ce qu'elle soit dorée des deux côtés et cuite à votre goût.

4. Servez les côtes d'agneau accompagnées de pesto de tomates séchées.

Pesto de tomates séchées Mixez ensemble les tomates, l'huile d'olive, les pignons de pin, le parmesan, le jus de citron et l'ail jusqu'à obtention d'une pâte homogène.

Par portion *lipides 41 g ; 518 kcal*

Steaks d'agneau aux herbes

Pour 4 personnes

Préparation 10 minutes • Marinade 3 heures
Cuisson 15 minutes

2 c. à s. d'origan frais finement haché
2 c. à s. de persil plat finement haché
1 c. à s. de romarin frais finement haché
80 ml de vin rouge
60 ml d'huile d'olive
4 steaks d'agneau dans le filet
1 c. à s. de persil plat grossièrement haché, supplémentaire

1. Dans un plat creux mélangez l'origan, le persil, le romarin, le vin et l'huile d'olive. Ajoutez la viande. Couvrez et laissez mariner 3 heures au réfrigérateur.

2. Faites griller la viande au barbecue jusqu'à ce qu'elle soit dorée et cuite à votre convenance. Parsemez de persil avant de servir.

Par portion *lipides 20,9 g ; 365 kcal*

Côtelettes d'agneau aux épices et salade de pois chiches

Pour 4 personnes

Préparation 15 minutes • Marinade 3 heures
Cuisson 15 minutes

12 côtes d'agneau premières
80 ml de jus de citron vert
2 gousses d'ail
1 c. à c. de garam masala
2 c. à c. de cumin moulu
2 c. à c. de coriandre moulue
2 citrons verts coupés en quartiers

Salade de pois chiches
2 tomates épépinées et finement concassées
600 g de pois chiches en boîte, rincés et égouttés
1 oignon rouge moyen finement haché
1 c. à s. de coriandre fraîche grossièrement hachée
1 gousse d'ail pilée
1 c. à s. d'huile d'olive
2 c. à s. de jus de citron

1. Dans un grand saladier, mélangez le jus de citron vert, l'ail, le garam masala, le cumin et la coriandre. Ajoutez les côtes d'agneau et retournez-les pour bien les enrober de ce mélange. Couvrez et laissez mariner 3 heures au réfrigérateur.

2. Égouttez les côtes d'agneau et jetez la marinade.

3. Faites griller les côtes au barbecue jusqu'à ce qu'elles soient dorées et cuites à votre goût.

4. Servez-les accompagnées de quartiers de citron vert et de salade de pois chiches.

Salade de pois chiches Dans un saladier, mélangez les tomates, les pois chiches, l'oignon, la coriandre et la gousse d'ail. Arrosez d'huile d'olive mélangée au citron. Réservez au frais jusqu'au moment de servir.

Par portion *lipides 17,6 g ; 374 kcal*

Brochettes de porc aux épices

Pour 12 personnes

Préparation 35 minutes • Marinade 3 heures • Cuisson 15 minutes

750 g de filet de porc
6 gousses d'ail pilées
1 c. à s. de cumin moulu
2 c. à c. de coriandre moulue
2 c. à c. de paprika fort
40 g de persil plat frais grossièrement haché
2 c. à s. d'origan frais grossièrement haché
125 ml d'huile d'olive

1. Coupez le filet de porc en cubes de 3 cm. Dans un grand saladier, mélangez l'ail, le cumin, la coriandre, le paprika, le persil, l'origan et l'huile d'olive. Ajoutez les cubes de porc. Couvrez et laissez mariner 3 heures au réfrigérateur.

2. Égouttez le porc et jetez la marinade.

3. Enfilez les cubes de porc sur 12 brochettes.

4. Faites griller au barbecue jusqu'à ce que le porc soit doré et cuit à point. Servez les brochettes accompagnées de riz et de quartiers de citron vert grillés.

Par portion *lipides 11,1 g ; 157 kcal*

Brochettes de porc épicé au miel

Pour 8 personnes

Préparation 15 minutes • Cuisson 15 minutes

500 g de filet de porc
2 gousses d'ail pilées
2 c. à c. de graines de cumin
½ c. à c. de coriandre moulue
¼ c. à c. de paprika doux
1 c. à s. d'huile d'olive

Sauce au miel

125 ml de jus d'orange
2 c. à s. de miel
2 c. à s. de sauce barbecue
1 c. à c. de moutarde de Dijon

1. Coupez le filet de porc en cubes de 3 cm. Dans un saladier, mélangez l'ail, le cumin, la coriandre, le paprika et l'huile d'olive. Ajoutez les cubes de porc.

2. Enfilez les cubes de porc sur 8 brochettes.

3. Faites griller les brochettes au barbecue jusqu'à ce que le porc soit doré et bien cuit. Servez les brochettes accompagnées de la sauce au miel.

Sauce au miel Mélangez le jus d'orange, le miel, la sauce barbecue et la moutarde dans une petite casserole. Faites chauffer jusqu'à ébullition sans cesser de remuer. Réduisez le feu au minimum et laissez mijoter 5 minutes jusqu'à ce que la sauce ait épaissi.

Par brochette *lipides 2,6 g ; 85 kcal*

Brochettes de porc hoisin

Pour 4 personnes

Préparation 35 minutes • Marinade 3 heures
Cuisson 15 minutes

125 ml de sauce hoisin
2 c. à s. de sauce aux prunes
2 gousses d'ail pilées
750 g de filet de porc
coupé en tranches fines
2 ciboules
1 petit concombre
sauce aux prunes supplémentaire
pour accompagner

1. Mélangez la sauce hoisin, la sauce aux prunes et l'ail dans un grand saladier. Ajoutez le porc. Couvrez et laissez mariner 3 heures au réfrigérateur. Égouttez la viande et enfilez les tranches sur 12 brochettes.

2. Faites griller les brochettes au barbecue jusqu'à ce que le porc soit doré et cuit à point.

3. Pendant ce temps, émincez les ciboules en biais. Coupez le concombre en deux dans le sens de la longueur, retirez les graines puis détaillez-le en bâtonnets.

4. Servez les brochettes accompagnées de ciboules, de concombre et de sauce aux prunes.

Par portion *lipides 6,3 g ; 304 kcal*

Travers de porc à l'américaine

Pour 8 personnes

Préparation 15 minutes • Marinade 3 heures • Cuisson 10 minutes

1,5 kg de travers de porc
250 ml de jus de tomate
2 c. à c. de zeste de citron vert râpé
60 ml de jus de citron vert
2 c. à s. de sucre brun
1 gousse d'ail pilée
1 piment rouge frais, épépiné et finement haché

1. Découpez la viande en portions individuelles.

2. Mélangez dans un grand saladier le jus de tomate, le zeste et le jus de citron vert, le sucre brun, l'ail et le piment. Ajoutez les travers de porc. Couvrez et laissez mariner au réfrigérateur pendant 3 heures.

3. Égouttez les travers de porc et jetez la marinade.

4. Faites cuire au barbecue jusqu'à ce que les travers soient dorés et cuits à point.

Par portion *lipides 16,8 g ; 260 kcal*

Travers de porc laqués

Pour 4 personnes

Préparation 10 minutes • Marinade 3 heures
Cuisson 45 minutes au barbecue couvert

2 c. à s. de concentré de tomates
2 c. à s. de sauce tomate
2 c. à s. de sauce soja
1 c. à c. de zeste de citron râpé
60 ml de jus de citron
1 c. à s. de sucre brun
1 c. à c. de poivre noir concassé
1 c. à c. de piment de la Jamaïque moulu
¼ de c. à c. de piment moulu
2 gousses d'ail pilées
2 kg de travers de porc

1. Dans un grand plat creux, mélangez le concentré de tomates, la sauce tomate, la sauce soja, le zeste et le jus de citron, le sucre, le poivre, le piment de la Jamaïque, le piment et l'ail. Ajoutez le porc. Couvrez et laissez mariner 3 heures au réfrigérateur.

2. Sortez les travers de porc de la marinade et réservez celle-ci.

3. Placez les travers dans une grande barquette en aluminium. Faites-les cuire 45 minutes au barbecue couvert (chaleur indirecte) jusqu'à ce qu'ils soient à point. Badigeonnez-les de temps en temps de marinade pendant la cuisson.

Par portion *lipides 30,4 g ; 471 kcal*

Porc à l'ananas

Pour 4 personnes

Préparation 15 minutes • Marinade 3 heures
Cuisson 10 minutes

1 c. à s. de gingembre frais râpé
125 ml de jus d'ananas
125 ml de vin de gingembre vert
ou de vermouth blanc
115 g de miel
2 c. à s. d'huile végétale
8 tranches de filet de porc
½ ananas frais coupé en tranches

1. Mélangez le gingembre, le jus d'ananas, le vin de gingembre, le miel et l'huile dans un saladier.

2. Mettez le porc dans un plat creux et arrosez-le de cette marinade. Couvrez et laissez mariner 3 heures au réfrigérateur.

3. Égouttez la viande et réservez la marinade.

4. Faites griller le porc et les tranches d'ananas au barbecue jusqu'à ce que le porc soit doré et cuit à point. Badigeonnez-le régulièrement de marinade pendant la cuisson. Servez avec une salade.

Par portion *lipides 18,1 g ; 545 kcal*

Marinade au vinaigre balsamique

Pour 125 ml

Préparation 5 minutes

60 ml de jus de citron
2 c. à s. d'huile d'olive
60 ml de vinaigre balsamique
2 gousses d'ail pilées
3 c. à c. de sucre brun
2 c. à c. de thym frais
finement haché

1. Versez tous les ingrédients dans un petit saladier puis mélangez bien.

Par portion *lipides 36,7 g ; 388 kcal*

La quantité donnée ici est suffisante pour faire mariner 1 kg de poulet, de bœuf, d'agneau ou de petits poulpes. Vous pouvez la préparer 3 jours à l'avance et la conserver au réfrigérateur.

Marinade au vin rouge

Pour 125 ml

Préparation 5 minutes

125 ml de vin rouge
2 c. à c. de moutarde de Dijon
1 gousse d'ail pilée
½ c. à c. de thym frais
finement haché

1. Versez tous les ingrédients dans un petit saladier puis mélangez bien.

Par portion *lipides 0,3 g ; 91 kcal*

La quantité donnée ici est suffisante pour faire mariner 1 kg d'agneau, de bœuf ou de veau. Vous pouvez la préparer 3 jours à l'avance et la conserver au réfrigérateur.

Marinade au miel et au soja

Pour 125 ml

Préparation 5 minutes

1 c. à c. de miel chaud
80 ml de sauce soja
1 c. à c. d'huile de sésame
2 gousses d'ail pilées
2 c. à c. de gingembre frais râpé

1. Versez tous les ingrédients dans un petit saladier puis mélangez bien.

Par portion *lipides 4,8 g ; 170 kcal*

La quantité donnée ici est suffisante pour faire mariner 1 kg de bœuf, de porc ou d'agneau. Vous pouvez la préparer 3 jours à l'avance et la conserver au réfrigérateur.

Marinade au yaourt

Pour 125 ml

Préparation 5 minutes

140 g de yaourt
1 gousse d'ail pilée
1 piment rouge frais, épépiné et finement haché
½ c. à c. de paprika doux
2 c. à c. de menthe fraîche finement hachée

1. Versez tous les ingrédients dans un petit saladier puis mélangez bien.

Par portion *lipides 5 g ; 108 kcal*

La quantité donnée ici est suffisante pour faire mariner 1 kg d'agneau ou de poulet. Vous pouvez la préparer 3 jours à l'avance et la conserver au réfrigérateur.

Volailles

Brochettes de poulet aux herbes et aux noix de pécan

Pour 6 personnes

Préparation 15 minutes • Marinade 3 heures • Cuisson 15 minutes

1 kg de blancs de poulet coupés en gros dés
50 g de ciboulette fraîche, finement hachée
40 g d'origan frais, finement haché
30 g de marjolaine fraîche, finement hachée
4 gousses d'ail pilées
1 c. à s. d'écorces de citron confites
2 c. à s. de bouillon de poule
30 g de noix de pécan, concassées et grillées

1. Enfilez les dés de poulet sur 12 brochettes.

2. Dans un plat creux, mélangez la ciboulette, l'origan, la marjolaine, l'ail, les écorces de citron confites et le bouillon de poule. Enrobez le poulet de ce mélange. Couvrez et laissez mariner 3 heures au réfrigérateur.

3. Faites cuire le poulet au barbecue jusqu'à ce qu'il soit doré.

4. Servez les brochettes accompagnées de noix de pécan.

Par portion *lipides 12,9 g ; 267 kcal*

Brochettes de poulet satay

Pour 6 personnes

Préparation 30 minutes • Marinade 3 heures
Cuisson 15 minutes

12 blancs de poulet
2 c. à s. de sauce aux piments douce
1 c. à s. d'huile d'arachide
1 gousse d'ail pilée
2 c. à s. de coriandre fraîche hachée
riz blanc pour servir
pousses de bok choy pour servir

Sauce aux cacahuètes
250 ml de bouillon de poule
130 g de beurre de cacahuètes
60 ml de sauce aux piments douce
1 c. à s. de jus de citron

1. Coupez chaque blanc de poulet en 4 lanières, dans le sens de la longueur.

2. Mélangez la sauce aux piments, l'huile, l'ail et la coriandre dans un saladier moyen. Ajoutez le poulet. Couvrez et laissez mariner 3 heures au réfrigérateur.

3. Enfilez le poulet sur 12 brochettes.

4. Faites cuire le poulet au barbecue jusqu'à ce qu'il soit bien doré.

5. Servez les brochettes accompagnées de sauce aux cacahuètes, de riz blanc et de pousses de bok choy.

Sauce aux cacahuètes Mélangez tous les ingrédients dans une casserole et faites cuire à feu doux pendant 3 minutes environ jusqu'à ce que la sauce épaississe.

Par portion *lipides 30,2 g ; 481 kcal*

Poulet au thym et au citron grillé

Pour 4 personnes

Préparation 15 minutes • Marinade 3 heures
Cuisson 15 minutes

2 c. à s. d'huile d'olive
2 c. à c. de moutarde de Dijon
2 c. à s. de feuilles de thym frais
4 blancs de poulet
2 citrons moyens
2 citrons verts
60 g de moutarde de Dijon supplémentaire

1. Mélangez l'huile d'olive, la moutarde et la moitié du thym dans un saladier. Ajoutez les blancs de poulet. Couvrez et laissez mariner 3 heures au réfrigérateur.

2. Égouttez les blancs poulet et réservez la marinade.

3. Faites cuire les blancs de poulet au barbecue jusqu'à ce qu'ils soient dorés des deux côtés.

4. Pendant ce temps, coupez les citrons en six et les citrons verts en quatre. Faites-les griller au barbecue sur toutes les faces.

5. Mélangez la moutarde supplémentaire et le reste de thym dans un bol. Servez les blancs de poulet accompagnés de quartiers de citrons grillés et de sauce moutarde.

Par portion *lipides 19,4 g ; 352 kcal*

Brochettes de poulet Bombay

Pour 8 personnes

Préparation 30 minutes • Marinade 3 heures • Cuisson 15 minutes

80 ml d'huile d'arachide
4 gousses d'ail pilées
2 c. à s. de paprika doux
1 c. à s. de cumin moulu
1 c. à s. de curcuma moulu
1 c. à s. de coriandre moulue
2 kg de blancs de poulet

Raïta
2 petits concombres, épépinés et finement hachés
210 g de yaourt
1 c. à s. de jus de citron
2 gousses d'ail pilées
40 g de menthe fraîche finement hachée

1. Faites chauffer l'huile dans une poêle et faites revenir l'ail, le paprika, le cumin, le curcuma et la coriandre jusqu'à ce que le mélange embaume. Laissez refroidir.

2. Coupez les blancs de poulet en cubes de 3 cm. Enfilez ces cubes sur 24 brochettes et placez celles-ci dans un grand plat creux. Arrosez-les de sauce aux épices en les retournant plusieurs fois pour bien les enrober. Couvrez et laissez mariner 3 heures au réfrigérateur.

3. Égouttez le poulet et réservez la marinade.

4. Faites cuire les brochettes au barbecue jusqu'à ce qu'elles soient dorées et cuites à point. Servez-les accompagnées de raïta.

Raïta Mélangez les concombres, le yaourt, le jus de citron, l'ail et la menthe dans un petit saladier.

Par portion *lipides 29,5 g ; 501 kcal*

Cailles aux épices douces

Pour 12 personnes

Préparation 30 minutes • Marinade 3 heures
Cuisson 10 minutes

24 cailles
540 g de chutney de mangue
2 c. à s. de graines de cumin
1 c. à s. de paprika doux
1 c. à s. de zeste de citron finement râpé
250 ml de jus de citron
1 c. à c. de poivre noir concassé
4 gousses d'ail pilées
50 g de coriandre fraîche, grossièrement hachée

1. Coupez les cous des cailles et jetez-les. Incisez les cailles de chaque côté de la colonne vertébrale et retirez celle-ci. Coupez les cailles en deux le long du sternum.

2. Dans un grand saladier, mélangez le chutney de mangue, le cumin, le paprika, le zeste et le jus de citron, le poivre et l'ail. Réservez 125 ml de cette marinade.

3. Incorporez 1 cuillerée à soupe de coriandre dans la marinade réservée. Couvrez et conservez au réfrigérateur jusqu'au moment de servir. Incorporez le reste de coriandre dans le saladier de marinade. Ajoutez les cailles. Couvrez et laissez mariner 3 heures au réfrigérateur.

4. Égouttez les cailles et jetez la marinade.

5. Faites cuire au barbecue jusqu'à ce que les cailles soient dorées des deux côtés.

6. Servez-les accompagnées de la marinade réservée.

Par portion *lipides 38,3 g ; 728 kcal*

Cette marinade peut également accompagner du poulet en morceaux ou des coquelets en crapaudine (ouverts en deux et aplatis, puis grillés).

Ailes de poulet marinées

Pour 6 personnes

Préparation 20 minutes • Marinade 3 heures
Cuisson 40 minutes au barbecue couvert

1,5 kg de grosses ailes de poulet
250 ml de sauce tomate
125 ml de sauce aux prunes
60 ml de sauce Worcestershire
50 g de sucre brun
2 gousses d'ail pilées

1. Coupez les ailes de poulet en trois morceaux au niveau des articulations. Jetez les ailerons.

2. Dans un grand saladier, mélangez la sauce tomate, la sauce aux prunes, la sauce Worcestershire, le sucre et l'ail. Ajoutez les ailes de poulet. Couvrez et laissez mariner 3 heures au réfrigérateur.

3. Égouttez le poulet et jetez la marinade.

4. Posez les ailes de poulet sur la grille huilée du barbecue, au-dessus d'une barquette en aluminium. Faites cuire 40 minutes au barbecue couvert (chaleur indirecte) jusqu'à ce que le poulet soit doré et cuit à point.

Par portion *lipides 24,3 g ; 469 kcal*

Dinde au citron vert et à la moutarde

Pour 4 personnes

Préparation 10 minutes • Marinade 3 heures • Cuisson 5 minutes

8 escalopes de dinde
2 c. à s. d'huile d'olive
2 c. à c. de poivre noir concassé
1 c. à s. de moutarde de Dijon
1 c. à c. de zeste de citron râpé
2 c. à s. de jus de citron vert
2 citrons verts coupés en tranches fines
pousses d'épinard pour servir

1. Placez les escalopes de dinde dans un plat creux. Mélangez l'huile d'olive, le poivre, la moutarde, le zeste et le jus de citron puis arrosez la dinde de ce mélange. Couvrez et laissez mariner 3 heures au réfrigérateur.

2. Égouttez les escalopes de dinde et jetez la marinade.

3. Faites cuire les escalopes au barbecue jusqu'à ce qu'elles soient dorées des deux côtés.

4. Servez la dinde accompagnée de tranches de citron grillées et de pousses d'épinard.

Par portion *lipides 13,8 g ; 254 kcal*

Poulet à la salade de lentilles

Pour 4 personnes

Préparation 10 minutes • Cuisson 15 minutes

2 c. à c. de cumin moulu
2 c. à c. de coriandre moulue
1 c. à c. de curcuma moulu
12 blancs de poulet
2 citrons verts coupés en quartiers

Salade de lentilles
300 g de lentilles rouges
1 gousse d'ail pilée
1 piment rouge frais, épépiné et finement haché
1 petit concombre, épépiné et finement haché
1 poivron rouge moyen finement haché
60 ml de jus de citron
2 c. à s. d'huile d'arachide
2 c. à s. de coriandre fraîche finement hachée

1. Dans un saladier moyen, mélangez le cumin, la coriandre et le curcuma. Ajoutez le poulet et retournez-le dans les épices pour bien l'enrober.

2. Faites cuire les blancs de poulet au barbecue jusqu'à ce qu'ils soient dorés des deux côtés et cuits à point.

3. Placez les quartiers de citron sur le barbecue jusqu'à ce qu'ils soient dorés des deux côtés. Servez le poulet accompagné de la salade de lentilles, des quartiers de citron et de pain lavash.

Salade de lentilles Faites cuire les lentilles dans un grand volume d'eau bouillante. Rincez-les à l'eau froide et égouttez-les. Dans un grand saladier, mélangez les lentilles avec l'ail, le piment, le concombre, le poivron, le jus de citron, l'huile d'arachide et la coriandre.

Par portion *lipides 14,4 g ; 528 kcal*

Le lavash est un pain plat, très mince, rond ou ovale, de taille très variable. La cuisson le rend craquant et cassant. Il est originaire d'Arménie mais a conquis le Liban, la Syrie et la Turquie.

Blancs de poulet au chutney de mangue

Pour 4 personnes

Préparation 10 minutes • Cuisson 25 minutes

1 c. à s. d'huile végétale
1 oignon jaune finement haché
1 gousse d'ail pilée
1 c. à c. de graines de moutarde noire
¼ de c. à c. de cardamome moulue
½ c. à c. de cumin moulu
½ c. à c. de garam masala
½ c. à c. de curcuma moulu
300 g de riz à long grain
750 ml de bouillon de poule
2 c. à s. de coriandre fraîche hachée
110 g de chutney de mangue
2 c. à s. d'eau
4 blancs de poulet

1. Faites chauffer l'huile dans une casserole et faites revenir l'oignon, l'ail et les graines de moutarde en remuant sans cesse. Ajoutez la cardamome, le cumin, le garam masala, le curcuma et poursuivez la cuisson jusqu'à ce que le mélange embaume.

2. Ajoutez le riz et remuez pour l'enrober d'épices. Versez le bouillon de poule et portez à ébullition. Réduisez le feu et laissez mijoter jusqu'à ce que le riz soit tendre. Incorporez la coriandre.

3. Pendant ce temps, mélangez le chutney de mangue et l'eau dans une petite casserole. Laissez cuire jusqu'à ce que la sauce soit bien chaude.

4. Badigeonnez les blancs de poulet de chutney et faites-les cuire au barbecue jusqu'à ce qu'ils soient dorés des deux côtés. Coupez-les en tranches épaisses et servez avec le riz pilaf.

Par portion *lipides 15,6 g ; 607 kcal*

Ne portez pas le barbecue à une température trop élevée ou surélevez la grille de cuisson pour éviter que la marinade ne brûle.

Manchons de poulet tandoori

Pour 4 personnes

Préparation 10 minutes • Marinade 3 heures • Cuisson 20 minutes

12 pilons de poulet
140 g de yaourt
2 c. à c. de cumin moulu
2 c. à c. de coriandre moulue
1 c. à c. de paprika doux
2 gousses d'ail pilées
quelques gouttes de colorant alimentaire rouge (facultatif)
160 g de chutney de mangue
160 g de citron confit

1. Faites trois entailles sur chaque pilon de poulet.

2. Dans un grand saladier, mélangez le yaourt, le cumin, la coriandre, le paprika, l'ail et le colorant. Ajoutez les pilons. Couvrez et laissez mariner 3 heures au réfrigérateur.

3. Sans les égoutter, faites cuire les pilons au barbecue jusqu'à ce qu'ils soient dorés de tous les côtés.

4. Servez le poulet accompagné de citron confit et de chutney de mangue.

Par portion *lipides 40,7 g ; 683 kcal*

Manchons de poulet aux piments doux

Pour 4 personnes

Préparation 10 minutes • Marinade 3 heures
Cuisson 20 minutes

12 pilons de poulet
160 ml de sauce aux piments douce
2 gousses d'ail pilées
2 c. à s. de nuoc-mâm
2 c. à s. de sucre brun
1 c. à s. de citronnelle finement hachée

1. Placez les pilons dans une grande casserole et recouvrez-les d'eau froide. Portez à ébullition, puis réduisez le feu. Couvrez et laissez frémir 10 minutes jusqu'à ce que le poulet soit rose à cœur. Sortez les pilons et égouttez-les.

2. Pendant ce temps, mélangez la sauce aux piments, l'ail, le nuoc-mâm, le sucre et la citronnelle dans un petit saladier.

3. Placez les pilons dans un plat creux, arrosez-les avec la moitié de la préparation aux piments. Couvrez et laissez mariner 3 heures au réfrigérateur.

4. Sans les égoutter, faites cuire les pilons au barbecue jusqu'à ce qu'ils soient dorés, en les badigeonnant régulièrement de marinade pendant la cuisson. Servez avec des légumes de saison.

Par portion *lipides 40 g ; 639 kcal*

Ne portez pas le barbecue à une température trop élevée ou surélevez la grille de cuisson pour éviter que la marinade ne brûle.

Cuisses de poulet au sésame

Pour 4 personnes

Préparation 10 minutes • Marinade 3 heures
Cuisson 15 minutes

2 gousses d'ail pilées
1 c. à s. de gingembre frais râpé
60 ml de sauce soja
60 ml de sauce hoisin
2 c. à c. d'huile de sésame
8 hauts de cuisses de poulet
2 c. à s. de graines de sésame grillées

1. Mélangez l'ail, le gingembre, la sauce soja et la sauce hoisin dans un grand saladier. Ajoutez le poulet. Couvrez et laissez mariner 3 heures au réfrigérateur.

2. Égouttez les cuisses de poulet et réservez la marinade.

3. Faites cuire les cuisses au barbecue jusqu'à ce qu'elles soient dorées des deux côtés. Badigeonnez-les régulièrement de marinade en cours de cuisson.

4. Servez les cuisses de poulet parsemées de graines de sésame.

Par portion *lipides 35,2 g ; 487 kcal*

Coquelets épicés à l'orientale

Pour 4 personnes

Préparation 45 minutes • Marinade 3 heures
Cuisson 30 minutes au barbecue couvert

4 coquelets de 500 g
2 c. à c. de paprika doux
2 gousses d'ail pilées
1 c. à c. de graines de cumin
2 c. à c. de graines de moutarde jaune
1 c. à s. de coriandre fraîche finement hachée
2 ciboules grossièrement hachées
110 g de chutney de mangue
2 c. à s. d'huile d'olive

Sauce au romarin
2 c. à s. d'huile d'olive
1 c. à s. de jus de citron
½ c. à c. de romarin frais grossièrement haché
¼ de c. à c. de sucre

1. À l'aide de ciseaux de cuisine, coupez les coquelets en deux le long de la colonne vertébrale, retirez celle-ci et jetez-la. Placez les coquelets sur la plaque du barbecue. Incisez la chair sur la cage thoracique et retirez les côtes. Coupez les articulations des cuisses et des ailes sans couper la peau.

2. Incisez la viande sur le sternum et retirez celui-ci. Coupez les coquelets en deux.

3. Dans un grand saladier, mélangez le paprika, l'ail, les graines de cumin, les graines de moutarde, la coriandre, les ciboules, le chutney et l'huile d'olive. Ajoutez les coquelets. Couvrez et laissez mariner 3 heures au réfrigérateur.

4. Égouttez les coquelets et réservez la marinade.

5. Placez les coquelets sur la grille du barbecue au-dessus d'une barquette en aluminium. Faites cuire 30 minutes au barbecue couvert (chaleur indirecte) jusqu'à ce qu'ils soient bien dorés. Badigeonnez-les régulièrement de marinade réservée au cours de la cuisson.

6. Servez les coquelets accompagnés d'une salade de cresson et de pousses d'épinard. Présentez à part la sauce au romarin.

Sauce au romarin Versez l'huile d'olive, le jus de citron, le romarin et le sucre dans un récipient hermétique puis secouez vigoureusement.

Par portion *lipides 58,8 g ; 774 kcal*

Brochettes de poulet au pesto de coriandre

Pour 6 personnes

Préparation 35 minutes • Marinade 3 heures
Cuisson 10 minutes

2 c. à s. de zeste de citron vert finement râpé
2 c. à s. de jus de citron vert
1 c. à c. de coriandre moulue
1 c. à s. d'huile d'arachide
700 g de blancs de poulet coupés en gros dés
35 g de cacahuètes grillées et grossièrement concassées

Pesto de coriandre
2 c. à s. de cacahuètes grillées
50 g de feuilles de coriandre fraîche
2 gousses d'ail pilées
125 ml d'huile d'arachide

1. Dans un grand saladier, mélangez le zeste et le jus de citron vert, la coriandre et l'huile. Ajoutez le poulet. Couvrez et laissez mariner au réfrigérateur pendant 3 heures.

2. Égouttez le poulet et jetez la marinade. Piquez les morceaux sur 12 brochettes. Faites cuire au barbecue jusqu'à ce que le poulet soit bien doré et à point.

3. Servez les brochettes accompagnées de pesto de coriandre et parsemées de cacahuètes grillées.

Pesto de coriandre Mixez au robot les cacahuètes, la coriandre, l'ail et l'huile.

Par portion *lipides 33 g ; 410 kcal*

Poulet à la marocaine

Pour 4 personnes

Préparation 30 minutes
Cuisson 1 h 15 au barbecue couvert

2 piments rouges frais, épépinés et finement hachés
4 gousses d'ail pilées
1 c. à s. de cumin moulu
1 c. à s. de coriandre moulue
1 c. à s. de zeste de citron finement râpé
1 c. à s. de jus de citron
1 c. à s. d'huile d'olive
1 poulet entier de 1,6 kg
1 citron

1. Dans un petit saladier, mélangez les piments, l'ail, le cumin, la coriandre, le zeste et le jus de citron, et l'huile d'olive.

2. À l'aide de ciseaux de cuisine, coupez le poulet de chaque côté de la colonne vertébrale, retirez celle-ci et jetez-la. Posez le poulet sur une planche et pressez sur le sternum avec la paume de la main pour aplatir la volaille. Insérez une brochette en métal de la cuisse à l'aile opposée pour maintenir le poulet à plat. Répétez l'opération de l'autre côté.

3. Badigeonnez le poulet de sauce aux piments. Coupez le citron en 8 quartiers. Posez le poulet et les quartiers de citron sur la grille du barbecue au-dessus d'une grande barquette en aluminium. Faites cuire 1 h 15 au barbecue couvert (chaleur indirecte) jusqu'à ce que le poulet soit doré.

4. Servez le poulet accompagné de salade, de pain libanais, de houmous ou de baba ghanoush.

Par portion *lipides 37,3 g ; 505 kcal*

Poisson et crustacés

Darnes de poisson marinées au citron vert

Pour 4 personnes

Préparation 20 minutes • Marinade 1 heure • Cuisson 10 minutes

1 gousse d'ail pilée
1 c. à s. de zeste de citron vert finement râpé
2 c. à s. de sauce aux huîtres
125 ml de sauce aux piments douce
125 ml de jus de citron vert
4 darnes de poisson blanc à chair ferme
2 tomates, épépinées et finement concassées
1 oignon rouge moyen finement haché

1. Dans un grand saladier, mélangez l'ail, le zeste de citron vert, la sauce aux huîtres et un tiers de la sauce aux piments et du jus de citron vert. Ajoutez le poisson. Couvrez et laissez mariner 1 heure au réfrigérateur.

2. Pendant ce temps, mélangez les tomates, l'oignon, le reste de sauce aux piments et de jus de citron vert dans un petit saladier. Couvrez et réservez au réfrigérateur.

3. Égouttez le poisson et réservez la marinade.

4. Faites cuire le poisson au barbecue jusqu'à ce qu'il soit bien doré, en l'arrosant régulièrement de marinade.

5. Servez le poisson avec la salsa de tomates.

Par portion *lipides 6,3 g ; 313 kcal*

Thon mi-cuit aux légumes grillés

Pour 4 personnes

Préparation 10 minutes • Cuisson 35 minutes

3 pommes de terre moyennes
2 citrons moyens
2 petits concombres
marinés à l'aneth, émincés
4 petits steaks de thon
4 c. à c. de petites câpres, égouttées

1. Faites cuire les pommes de terre à l'eau ou à la vapeur. Coupez-les en 4 tranches et coupez chaque citron en 6 tranches.

2. Faites griller en plusieurs fois les pommes de terre, les citrons et les concombres au barbecue jusqu'à ce qu'ils soient dorés.

3. Faites cuire le thon au barbecue jusqu'à ce qu'il soit doré des deux côtés et encore rosé au cœur.

4. Faites chauffer les câpres.

5. Répartissez les pommes de terre sur les assiettes. Posez dessus le thon, le citron et le concombre. Décorez de câpres.

Par portion *lipides 8,8 g ; 331 kcal*

Brochettes de poisson au pesto

Pour 4 personnes

Préparation 20 minutes • Marinade 1 heure
Cuisson 15 minutes

600 g de filets de poisson blanc à chair ferme
1 c. à s. de pesto prêt à l'emploi
40 g de persil plat frais finement haché
½ chou de Milan émincé
65 g de petites câpres, égouttées
1 c. à c. de zeste de citron finement râpé
60 g de menthe fraîche finement hachée

1. Coupez le poisson en dés de 2 cm. Mélangez-le avec le pesto et 1 cuillerée à soupe de persil dans un saladier. Couvrez et laissez mariner 1 heure au réfrigérateur.

2. Enfilez les dés de poisson sur 8 brochettes.

3. Faites cuire au barbecue jusqu'à ce que le poisson soit bien doré. Couvrez et réservez au chaud.

4. Faites chauffer une barquette en aluminium huilée sur la grille du barbecue (en surélevant légèrement cette dernière) et faites cuire le chou jusqu'à ce qu'il soit tendre. Ajoutez le reste de persil, les câpres, le zeste de citron et la menthe. Remuez rapidement sur le feu.

5. Servez le poisson avec le chou.

Par portion *lipides 5,5 g ; 208 kcal*

Daurades aux légumes asiatiques en papillotes

Pour 4 personnes

Préparation 15 minutes • Cuisson 20 minutes au barbecue couvert

4 dorades de 350 g
6 ciboules émincées
50 g de gingembre frais émincé
4 gousses d'ail émincées
2 c. à s. de sauce soja
2 c. à s. de xérès sec
2 c. à s. de sucre brun
80 ml de bouillon de légumes
500 g de choy sum grossièrement haché
500 g de brocolis chinois grossièrement hachés

1. Pratiquez trois incisions sur chaque face des poissons.

2. Posez chaque poisson sur une grande feuille de papier d'aluminium légèrement huilée.

3. Dans un petit saladier, mélangez les ciboules, le gingembre, l'ail, la sauce soja, le xérès, le sucre et le bouillon de légumes. Arrosez les poissons de cette préparation. Repliez le papier d'aluminium pour former une papillote.

4. Posez les papillotes sur le barbecue préchauffé. Faites cuire 20 minutes à couvert (chaleur indirecte) jusqu'à ce que le poisson soit à point.

5. Pendant ce temps, faites cuire le choy sum et les brocolis à l'eau ou à la vapeur. Ils doivent rester légèrement croquants. Égouttez-les.

6. Disposez le poisson et la préparation aux ciboules sur les assiettes. Servez les légumes à côté.

Par portion *lipides 8,8 g ; 331 kcal*

Vous pouvez préparer les papillotes quelques heures à l'avance et les conserver au réfrigérateur. Pour éviter que la sauce ne coule, doublez la feuille d'aluminium.

Crevettes au sel et au poivre

Pour 4 personnes

Préparation 20 minutes • Cuisson 10 minutes

1 kg de grosses crevettes crues
2 c. à c. de sel de mer
¼ de c. à c. de poudre cinq-épices
½ c. à c. de poivre noir concassé

1. Décortiquez les crevettes en laissant l'extrémité de la queue et retirez la veine dorsale. Enfilez une crevette sur chaque brochette, dans le sens de la longueur.

2. Mélangez le sel, le cinq-épices et le poivre dans un petit saladier.

3. Faites cuire les crevettes au barbecue jusqu'à ce qu'elles changent de couleur. Saupoudrez-les de la moitié du mélange d'épices pendant la cuisson.

4. Servez les crevettes avec le reste du mélange.

Par portion *lipides 0,8 g ; 112 kcal*

Vous pouvez décortiquer les crevettes et les embrocher jusqu'à 6 heures à l'avance. Passez-les au barbecue au dernier moment.

Crevettes à la sauce piquante

Pour 4 personnes

Préparation 40 minutes • Marinade 3 heures
Cuisson 25 minutes

1 kg de crevettes moyennes, crues
2 gousses d'ail pilées
1 c. à s. de citronnelle fraîche finement hachée
1 c. à s. de vinaigre balsamique
1 c. à s. de coriandre fraîche finement hachée
1 c. à s. d'huile d'arachide
4 ciboules

Sauce piquante

150 g de sucre
125 ml d'eau
1 c. à c. de zeste de citron finement haché
2 piments rouges frais, épépinés et finement hachés
2 c. à s. de sauce aux piments douce
80 ml de jus de citron vert

1. Décortiquez les crevettes en laissant l'extrémité de la queue et retirez la veine dorsale.

2. Dans un grand saladier, mélangez l'ail, la citronnelle, le vinaigre, la coriandre et l'huile. Ajoutez les crevettes. Couvrez et laissez mariner 3 heures au réfrigérateur.

3. Égouttez les crevettes et jetez la marinade.

4. Coupez les ciboules en tronçons de 5 cm. Piquez les ciboules et les crevettes sur 8 brochettes.

5. Faites cuire au barbecue jusqu'à ce que les crevettes changent de couleur.

6. Servez les crevettes accompagnées de la sauce piquante.

Sauce piquante Faites chauffer le sucre et l'eau dans une petite casserole. Remuez en évitant d'atteindre l'ébullition jusqu'à ce que le sucre ait fondu. Laissez frémir à découvert, sans remuer, pendant 5 minutes. Ajoutez le zeste de citron, les piments et la sauce aux piments. Laissez encore frémir à découvert 5 minutes. Incorporez le jus de citron et mélangez, puis laissez refroidir.

Par portion *lipides 5,7 g ; 316 kcal*

Truite de mer au poivre et aux citrons grillés

Pour 4 personnes

Préparation 10 minutes • Marinade 1 heure • Cuisson 10 minutes

2 c. à c. de zeste de citron vert râpé
½ c. à c. de poivre noir concassé
2 c. à s. d'huile d'olive
2 c. à s. de ciboulette fraîche finement hachée
4 darnes de truite de mer
1 oignon rouge
2 citrons verts

1. Dans un grand saladier, mélangez le zeste de citron vert, le poivre, l'huile d'olive et la ciboulette. Ajoutez les darnes de truite et retournez-les plusieurs fois dans cette marinade. Couvrez et laissez 1 heure au réfrigérateur.

2. Pendant ce temps, coupez l'oignon et les citrons verts en quartiers.

3. Faites cuire le poisson avec les quartiers d'oignon et de citron au barbecue jusqu'à ce qu'ils soient bien dorés des deux côtés.

4. Servez aussitôt avec une salade de tomates.

Par portion *lipides 15,6 g ; 303 kcal*

Saumon grillé au beurre noir citronné

Pour 4 personnes

Préparation 10 minutes • Cuisson 10 minutes

4 steaks de saumon
20 g de beurre fondu
2 c. à c. de poivre noir concassé
1 ½ c. à c. de paprika doux
1 ½ c. à c. de thym séché
1 ½ c. à c. de moutarde en poudre
1 ½ c. à c. de cumin moulu

Beurre noir citronné
60 g de beurre fondu
1 c. à s. de jus de citron
2 ciboules émincées

1. Badigeonnez le poisson de beurre sur les deux faces. Mélangez le poivre, le paprika, le thym, la moutarde et le cumin et saupoudrez-en le saumon.

2. Faites griller le poisson au barbecue jusqu'à ce qu'il soit doré des deux côtés et cuit à votre goût.

3. Servez le poisson arrosé de beurre noir citronné. Accompagnez de purée de pommes de terre et de tranches de citron grillées.

Beurre noir citronné Faites fondre le beurre dans une petite casserole sur la plaque du barbecue jusqu'à ce qu'il brunisse. Incorporez le jus de citron et les ciboules.

Par portion *lipides 29,6 g ; 413 kcal*

Darnes de poisson à la thaïlandaise

Pour 4 personnes

Préparation 15 minutes
Cuisson 20 minutes au barbecue couvert

4 darnes de poisson blanc à chair ferme
4 ciboules émincées
4 feuilles de citronnier kaffir finement ciselées
80 g de gingembre frais, épluché et émincé
50 g de coriandre fraîche grossièrement hachée
2 c. à s. de sauce aux piments douce
2 c. à s. de jus de citron vert
2 c. à s. de sucre brun
2 c. à c. d'huile d'arachide
1 c. à c. de nuoc-mâm

1. Posez chaque darne sur une grande feuille de papier d'aluminium légèrement graissée. Répartissez dessus les ciboules, les feuilles de citronnier kaffir, le gingembre et la coriandre. Mélangez la sauce aux piments douce, le jus de citron vert, le sucre, l'huile d'arachide et le nuoc-mâm puis arrosez les darnes de cette préparation. Fermez les papillotes.

2. Faites cuire 20 minutes au barbecue couvert (chaleur indirecte) jusqu'à ce que le poisson soit à point. Servez-le accompagné de salade verte.

Par portion *lipides 7,8 g ; 304 kcal*

Saumon au cumin, sauce à la coriandre et au piment

Pour 6 personnes

Préparation 15 minutes • Cuisson 10 minutes

6 darnes de saumon
2 c. à s. de graines de cumin

Sauce à la coriandre et au piment
8 ciboules grossièrement hachées
3 gousses d'ail pilées
3 piments rouges frais, épépinés et finement hachés
1 c. à s. de racine de coriandre finement hachée
2 c. à s. de sucre brun
2 c. à s. de nuoc-mâm
60 ml de jus de citron vert

1. Parsemez un des côtés du poisson de graines de cumin.

2. Faites cuire le poisson au barbecue jusqu'à ce qu'il soit doré sur les deux faces.

3. Servez le saumon avec la sauce à la coriandre et au piment. Vous pouvez l'accompagner de pommes de terre sautées.

Sauce à la coriandre et au piment Mixez les ciboules, l'ail, les piments, la racine de coriandre, le sucre, le nuoc-mâm et le jus de citron vert jusqu'à obtention d'un mélange homogène.

Par portion *lipides 13,4 g ; 293 kcal*

Crevettes pimentées aux haricots noirs

Pour 12 brochettes

Préparation 30 minutes • Marinade 3 heures
Cuisson 10 minutes

1 kg de crevettes moyennes, crues
125 ml de sauce soja
1 ½ c. à s. de haricots noirs salés, rincés et finement hachés
1 gousse d'ail pilée
2 c. à c. de gingembre frais râpé
1 c. à s. de xérès sec
1 c. à s. d'huile de sésame
1 piment rouge frais, épépiné et finement haché
1 piment rouge frais, émincé

1. Décortiquez les crevettes et retirez la veine dorsale.

2. Dans un grand saladier, mélangez 2 cuillerées à soupe de sauce soja avec les haricots noirs, l'ail, le gingembre, le xérès, l'huile de sésame et le piment haché. Ajoutez les crevettes. Couvrez et laissez mariner au réfrigérateur pendant 3 heures.

3. Égouttez les crevettes et jetez la marinade. Piquez les crevettes sur 12 brochettes.

4. Faites cuire les crevettes au barbecue jusqu'à ce qu'elles changent de couleur.

5. Mélangez le reste de sauce soja et le piment émincé. Servez cette sauce avec les brochettes.

Par brochette *lipides 0,8 g ; 50 kcal*

Les petits haricots noirs de soja, ou haricots noirs salés, fermentés dans du sel et des épices, sont très parfumés. On les trouve en conserve ou en vrac dans les épiceries chinoises.

Crevettes à la noix de coco, sauce au curcuma et à la coriandre

Pour 4 personnes

Préparation 30 minutes • Cuisson 10 minutes

1 kg de grosses crevettes crues
2 œufs légèrement battus
70 g de noix de coco râpée
6 chapati (pain indien) pour accompagner

Sauce au curcuma et à la coriandre
¼ de c. à s. de curcuma moulu
2 c. à s. d'eau bouillante
1 gousse d'ail pilée
2 c. à c. de zeste de citron finement râpé
150 g de mayonnaise
2 c. à s. de coriandre fraîche finement hachée

1. Décortiquez les crevettes en laissant l'extrémité de la queue et retirez la veine dorsale.

2. Plongez les crevettes dans les œufs battus et enrobez-les de noix de coco.

3. Faites cuire au barbecue jusqu'à ce que les crevettes soient dorées et cuites à point.

4. Faites dorer les chapati au barbecue pour les réchauffer.

5. Servez les crevettes avec les chapati et la sauce.

Sauce au curcuma et à la coriandre
Dans un petit saladier, mélangez le curcuma, l'eau bouillante, l'ail, le zeste de citron, la mayonnaise et la coriandre.

Par portion *lipides 27,6 g ; 502 kcal*

Filets de poisson aux piments doux et au citron vert

Pour 6 personnes

Préparation 10 minutes • Cuisson 10 minutes

125 ml de sauce aux piments douce
40 g de coriandre fraîche, grossièrement hachée
2 c. à s. de jus de citron vert
1 c. à c. d'huile de sésame
1,2 kg de filets de poisson blanc à chair ferme

1. Mélangez la sauce aux piments douce, la coriandre, le jus de citron vert et l'huile de sésame dans un grand saladier. Imprégnez les filets de poisson de cette sauce.

2. Faites cuire le poisson au barbecue jusqu'à ce qu'il soit doré des deux côtés.

Par portion *lipides 3,4 g ; 221 kcal*

Darnes de poisson aux cœurs d'artichauts

Pour 4 personnes

Préparation 15 minutes • Cuisson 25 minutes

180 g de pesto
80 g de feuilles de basilic frais
800 g de cœurs d'artichauts, égouttés et coupés en deux
1 gros oignon rouge émincé
2 gros champignons, épluchés et émincés
2 mini-aubergines, coupées en tranches dans le sens de la longueur
4 darnes de poisson
40 g de basilic frais finement ciselé, supplémentaire

1. Mixez le pesto et les feuilles de basilic jusqu'à obtention d'une pâte homogène. Réservez 60 g de cette préparation.

2. Dans un grand saladier, mélangez les cœurs d'artichauts, l'oignon, les champignons, les mini-aubergines et la moitié du pesto restant.

3. Faites cuire les légumes au barbecue. Couvrez et réservez au chaud.

4. Badigeonnez le poisson avec l'autre moitié du pesto et faites-le cuire au barbecue jusqu'à ce que les darnes soient dorées.

5. Mélangez le pesto réservé, le basilic ciselé et les légumes grillés dans un grand saladier.

6. Servez les darnes sur un lit de légumes.

Par portion *lipides 21,6 g ; 463 kcal*

Pour cette recette, un pesto prêt à l'emploi fera parfaitement l'affaire, et vous choisirez un poisson blanc à chair ferme de votre goût.

Espadon à la purée d'olives

Pour 4 personnes

Préparation 15 minutes • Cuisson 10 minutes

200 g d'olives kalamata (noires), dénoyautées
50 g de câpres, égouttées
40 g d'aneth frais finement haché
40 g de persil plat frais finement haché
2 gousses d'ail pilées
2 c. à s. de jus de citron
4 steaks d'espadon

1. Mixez les olives, les câpres, l'aneth, le persil, l'ail et le jus de citron jusqu'à obtention d'une pâte presque lisse.

2. Faites cuire le poisson au barbecue jusqu'à ce qu'il soit doré des deux côtés et juste tendre. Étalez la purée d'olives dessus avant de servir.

Par portion *lipides 5 g ; 255 kcal*

Vous pouvez préparer la purée d'olives 3 jours à l'avance et la conserver au réfrigérateur, couverte.

Truite épicée à la sauce au yaourt et au concombre

Pour 4 personnes

Préparation 10 minutes • Cuisson 10 minutes

4 filets de truite de mer
1 c. à s. d'huile d'olive
2 c. à c. de cumin moulu
1 c. à c. de paprika moulu
½ c. à c. de piment moulu
1 petit concombre
95 g de yaourt
2 c. à s. de menthe fraîche finement hachée

1. Badigeonnez les filets d'huile d'olive. Saupoudrez-les du mélange de cumin, de paprika et de piment.

2. Coupez le concombre en fines lanières. Séchez-le sur du papier absorbant.

3. Faites cuire la truite au barbecue, préchauffé et huilé, à découvert, jusqu'à ce que les filets soient dorés des deux côtés et cuits juste à point.

4. Mélangez le concombre, le yaourt et la menthe dans un bol. Présentez les filets de poisson sur un lit de pousses d'épinard. Servez avec la sauce au yaourt et accompagnez de pommes de terre nouvelles cuites à la vapeur.

Par portion *lipides 17 g ; 405 kcal*

Queues de homards aux herbes et au citron vert

Pour 6 personnes

Préparation 20 minutes • Marinade 1 heure
Cuisson 15 minutes

6 queues de homards moyens, crues
80 ml d'huile d'olive
2 c. à c. de zeste de citron vert râpé
125 ml de jus de citron vert
2 gousses d'ail pilées
2 c. à s. de coriandre fraîche grossièrement hachée
2 c. à s. de persil plat frais grossièrement haché
6 citrons verts coupés en quartiers

1. Retirez la peau qui recouvre le ventre des homards pour mettre la chair à nu.

2. Dans un grand saladier, mélangez l'huile d'olive, le zeste et le jus de citron, l'ail, la coriandre et le persil. Ajoutez les queues de homards. Couvrez et laissez mariner 1 heure au réfrigérateur.

3. Égouttez les homards et réservez la marinade.

4. Faites cuire au barbecue jusqu'à ce que les homards soient bien dorés, en les arrosant régulièrement de marinade. Servez avec des quartiers de citron vert.

Par portion *lipides 15 g ; 411 kcal*

Papillotes de poisson au soja et aux piments

Pour 4 personnes

Préparation 15 minutes
Cuisson 15 minutes au barbecue couvert

4 filets de poisson blanc à chair ferme
120 g de germes de soja
3 gousses d'ail pilées
4 ciboules émincées
¼ de c. à c. d'huile de sésame
2 c. à s. de kecap manis
2 piments rouges frais, épépinés et finement hachés
2 c. à c. de xérès doux

1. Placez chaque filet de poisson sur une grande feuille de papier d'aluminium huilée. Répartissez les germes de soja sur les 4 papillotes avec l'ail, les ciboules, l'huile de sésame, le kecap manis, les piments et le xérès. Fermez soigneusement les papillotes.

2. Faites cuire les papillotes 15 minutes au barbecue couvert (chaleur indirecte) jusqu'à ce que le poisson soit tendre.

Par portion *lipides 1,9 g ; 163 kcal*

Le kecap manis est une sauce soja douce, noire et épaisse, en vente dans les épiceries asiatiques.

Burgers et saucisses

Burgers d'agneau et salsa de tomates

Pour 6 personnes

Préparation 30 minutes • Marinade 3 heures • Cuisson 30 minutes

1 aubergine
gros sel
2 c. à s. d'huile d'olive
6 petits pains ronds
120 g de roquette
40 g de parmesan en copeaux

Galettes

600 g d'agneau haché
1 oignon jaune finement haché
2 gousses d'ail pilées
50 g de tomates séchées, égouttées et hachées
50 g d'olives noires, dénoyautées et hachées
50 g de chapelure
2 c. à s. de basilic frais finement haché
1 œuf légèrement battu

Salsa de tomates

1 poivron rouge
3 petites tomates concassées
1 oignon rouge finement haché
1 c. à c. de vinaigre balsamique
1 c. à c. d'origan frais finement haché

1. Coupez l'aubergine en tranches de 1,5 cm d'épaisseur et mettez celles-ci dans une passoire. Saupoudrez de sel et laissez reposer 30 minutes.

2. Rincez les tranches d'aubergine sous l'eau froide et égouttez-les sur du papier absorbant. Badigeonnez-les d'huile d'olive et faites-les cuire au barbecue jusqu'à ce qu'elles soient dorées des deux côtés.

3. Coupez les pains en deux et faites-les griller jusqu'à ce qu'ils soient légèrement dorés. Garnissez-les avec l'aubergine, les galettes d'agneau, la roquette, le parmesan et la salsa de tomates.

Galettes Dans un saladier, mélangez la viande, l'oignon, l'ail, les tomates, les olives, la chapelure, le basilic et l'œuf. Divisez le mélange en 6 parts et modelez les galettes à la main. Mettez-les sur une plaque, couvrez-les et laissez-les reposer 3 heures au réfrigérateur. Faites-les cuire au barbecue jusqu'à ce qu'elles soient dorées.

Salsa de tomates Coupez le poivron en quatre, retirez les graines et la membrane blanche. Faites griller les morceaux de poivron au barbecue jusqu'à ce que la peau noircisse et se boursoufle. Pelez-les et émincez-les finement. Mettez-les dans un saladier avec les tomates, l'oignon, le vinaigre et l'origan. Mélangez bien.

Par portion *lipides 22,4 g ; 515 kcal*

Saucisses de bœuf aux oignons

Pour 4 personnes

Préparation 5 minutes • Cuisson 10 minutes

60 ml de sauce barbecue
1 c. à s. de sauce Worcestershire
1 c. à s. de sauce tomate
1 gousse d'ail pilée
8 grosses saucisses de bœuf
2 oignons jaunes, émincés

1. Mélangez la sauce barbecue, la sauce Worcestershire, la sauce tomate et l'ail dans un petit saladier.

2. Faites cuire les saucisses et les oignons au barbecue jusqu'à ce qu'ils soient dorés et cuits à point. Badigeonnez régulièrement les saucisses de sauce pendant la cuisson.

Par portion *lipides 58,6 g ; 707 kcal*

Hot dogs aux oignons caramélisés

Pour 4 personnes

Préparation 10 minutes • Cuisson 20 minutes

25 g de beurre
2 oignons jaunes émincés
1 gousse d'ail pilée
1 c. à s. de sucre brun
2 c. à c. de vinaigre balsamique
1 c. à s. de bouillon de bœuf
4 saucisses
4 pains à hot dog
80 ml de ketchup

1. Faites fondre le beurre dans une poêle et faites revenir les oignons et l'ail, en remuant, jusqu'à ce que les oignons soient tendres et dorés. Ajoutez le sucre, le vinaigre et le bouillon de bœuf et laissez mijoter, en remuant toujours, jusqu'à ce que la préparation épaississe.

2. Pendant ce temps, faites griller les saucisses au barbecue jusqu'à ce qu'elles soient dorées et cuites à point.

3. Coupez les pains en deux. Garnissez-les d'une saucisse, d'oignons caramélisés et de ketchup.

Par portion *lipides 14 g ; 364 kcal*

Burgers mexicains

Pour 6 personnes

Préparation 20 minutes • Cuisson 10 minutes

750 g de bœuf haché
310 g de haricots rouges en boîte, rincés et égouttés
4 ciboules finement hachées
2 piments rouges frais, finement hachés
1 c. à c. de paprika fort
1 c. à s. de concentré de tomates
6 pains à burger
6 feuilles de laitue pommée
1 petit avocat, écrasé en purée
120 g de crème fraîche
2 c. à s. de jus de citron

1. Mélangez le bœuf, les haricots, les ciboules, les piments, le paprika et le concentré de tomates dans un saladier. Divisez la préparation en 6 parts égales et modelez-les à la main.

2. Faites griller les galettes au barbecue jusqu'à ce qu'elles soient dorées et cuites à point.

3. Coupez les pains à burger en deux. Placez-les sur le barbecue, côté mie sur la grille, jusqu'à ce qu'ils soient légèrement dorés.

4. Mélangez l'avocat, la crème fraîche et le jus de citron jusqu'à obtention d'une purée homogène. Sur une moitié de pain, mettez une feuille de laitue, une galette de bœuf et un peu de purée d'avocat. Recouvrez avec une autre moitié de pain. Répétez l'opération avec le reste des ingrédients puis servez aussitôt.

Par portion *lipides 26,9 g, 50 kcal*

Burgers de porc au chutney de fruits

Pour 4 personnes

Préparation 20 minutes • Cuisson 10 minutes

500 g de porc haché
100 g de chapelure
1 œuf légèrement battu
1 c. à s. de persil plat frais finement haché
2 c. à s. de chutney de fruits
2 c. à s. de parmesan râpé
4 pains à burger
2 feuilles de laitue ciselées
1 tomate coupée en tranches minces
4 tranches d'ananas en boîte

1. Mélangez le porc, la chapelure, l'œuf et le persil dans un saladier. Avec ce mélange, formez 4 galettes légèrement aplaties à la main. Formez un creux au centre de chaque galette et déposez dans ce creux 1 cuillerée à café de chutney mélangé avec le parmesan. Refermez la galette sur le chutney et aplatissez-la légèrement.

2. Faites griller les galettes au barbecue jusqu'à ce qu'elles soient dorées et cuites à point.

3. Coupez les pains en deux. Placez-les sur le barbecue, côté mie sur la grille, jusqu'à ce qu'ils soient légèrement dorés.

4. Sur une moitié de pain, posez un peu de laitue, de tomate et d'ananas, puis ajoutez la galette de porc. Nappez de chutney. Recouvrez avec une autre moitié de pain. Répétez l'opération avec le reste des ingrédients puis servez aussitôt.

Par portion *lipides 14,6 g ; 501 kcal*

Burgers de poisson

Pour 4 personnes

Préparation 15 minutes • Cuisson 20 minutes

600 g de filets de poisson blanc, finement hachés
1 œuf
¼ de c. à c. de paprika doux
1 c. à c. de cumin moulu
1 c. à c. de coriandre moulue
½ c. à c. de sel
1 pain à sandwich de 40 cm de longueur
2 petits concombres
210 g de yaourt
1 c. à s. de menthe fraîche finement hachée

1. Mixez le poisson, l'œuf, le paprika, le cumin, la coriandre et le sel jusqu'à obtention d'une purée lisse. Avec ce mélange, formez 4 galettes légèrement aplaties à la main.

2. Faites cuire les galettes de poisson au barbecue jusqu'à ce qu'elles soient dorées.

3. Coupez le pain en 4 morceaux, puis ouvrez les morceaux en deux. Placez-les sur le barbecue, côté mie sur la grille, jusqu'à ce qu'ils soient légèrement dorés.

4. À l'aide d'un épluche-légumes, coupez les concombres en fines lamelles.

5. Mélangez le yaourt et la menthe dans un petit saladier.

6. Posez chaque galette de poisson sur un morceau de pain, puis répartissez dessus les concombres et le yaourt à la menthe. Recouvrez d'un autre morceau de pain.

Par portion *lipides 6,6 g ; 525 kcal*

Burgers à la mayonnaise

Pour 4 personnes

Préparation 20 minutes • Cuisson 15 minutes

500 g de bœuf haché
40 g de chapelure
60 ml de ketchup
40 g de persil plat frais finement haché
2 oignons blancs finement hachés
4 pains à burger
8 feuilles de salade feuille de chêne
1 tomate coupée en tranches fines
1 c. à s. de moutarde à l'ancienne
150 g de mayonnaise

1. Mélangez le bœuf, la chapelure, le ketchup et le persil dans un saladier. À la main, formez 4 galettes avec ce mélange.

2. Faites cuire les galettes de bœuf au barbecue jusqu'à ce qu'elles soient dorées.

3. Faites cuire en même temps les oignons au barbecue, dans une barquette en aluminium légèrement huilée, jusqu'à ce qu'ils soient tendres et dorés.

4. Coupez les pains en deux et faites-les griller légèrement.

5. Garnissez la moitié des pains avec quelques feuilles de salade, des tranches de tomate, une galette de bœuf et un peu de mayonnaise mélangée avec la moutarde. Recouvrez avec les moitiés de pain restantes.

Par portion *lipides 26,6 g ; 555 kcal*

Pour une recette plus originale, vous pouvez préparer vous-même votre chapelure avec du pain de mie grillé que vous mixez avec un peu d'oignon et d'ail déshydratés, ainsi que des herbes séchées (thym, romarin ou sauge).

Burgers au poulet

Pour 4 personnes

Préparation 30 minutes • Cuisson 10 minutes

800 g de poulet haché
2 tranches de bacon maigre finement hachées
25 g de parmesan râpé
3 ciboules finement hachées
1 c. à s. de thym frais finement haché
1 œuf légèrement battu
50 g de chapelure
1 focaccia carrée de 20 cm
55 g de pousses de pois mange-tout
2 tomates coupées en tranches fines
1 carotte coupée en fines lanières

Crème d'avocat

1 avocat moyen grossièrement haché
125 g de fromage blanc sucré
1 c. à s. de jus de citron

1. Dans un saladier, mélangez le poulet, le bacon, le parmesan, les ciboules, le thym, l'œuf et la chapelure. Formez 4 galettes avec ce mélange à la main.

2. Faites cuire les galettes de poulet au barbecue jusqu'à ce qu'elles soient dorées.

3. Coupez la focaccia en quatre, puis ouvrez chaque morceau en deux. Faites griller le pain au barbecue jusqu'à ce qu'il soit légèrement doré.

4. Garnissez les tranches de pain avec les pousses de pois mange-tout, les galettes de poulet, les tomates, la crème d'avocat et la carotte.

Crème d'avocat Écrasez à la fourchette l'avocat dans un saladier ; mélangez-le ensuite avec le fromage blanc et le jus de citron.

Par portion *lipides 45,4 g ; 831 kcal*

Compote d'oignons rouges

Pour 300 ml

Préparation 10 minutes • Cuisson 20 minutes

60 ml d'huile d'olive
3 oignons rouges émincés
50 g de sucre brun
80 ml de vinaigre balsamique
½ c. à c. de graines d'aneth
60 ml de bouillon de poule

1. Faites chauffer l'huile d'olive dans une casserole et faites revenir les oignons, en remuant, jusqu'à ce qu'ils soient tendres et dorés.

2. Incorporez le sucre, le vinaigre, l'aneth et le bouillon de poule. Laissez frémir 20 minutes à découvert jusqu'à ce que la préparation épaississe.

Par cuillerée à soupe *lipides 3,1 g ; 47 kcal*

Cette compote se marie parfaitement avec l'agneau et le poulet.

Sauce hoisin à l'ail

Pour 250 ml

Préparation 10 minutes
Cuisson 45 minutes au barbecue couvert

1 tête d'ail entière
125 ml de sauce hoisin
2 c. à s. de sauce aux piments douce
1 c. à s. de sauce soja
1 c. à s. de vinaigre de riz
1 c. à c. d'huile de sésame
2 c. à s. de coriandre fraîche grossièrement hachée

1. Placez l'ail dans une barquette en aluminium et faites-le cuire 45 minutes au barbecue couvert (chaleur indirecte) jusqu'à ce que la chair soit fondante. Laissez refroidir la tête d'ail, puis coupez-la en quatre et pressez dessus pour en extraire la pulpe. Réduisez celle-ci en purée.

2. Mélangez l'ail, la sauce hoisin, la sauce aux piments, la sauce soja, le vinaigre et l'huile de sésame dans un grand bol puis fouettez jusqu'à obtention d'une pâte lisse. Incorporez la coriandre.

Par cuillerée à soupe *lipides 1,2 g ; 35 kcal*

Cette sauce d'inspiration asiatique accompagne à merveille le porc, le bœuf, l'agneau ou le poulet.

Sauce piquante

Pour 250 ml

Préparation 5 minutes • Cuisson 15 minutes

2 tomates grossièrement concassées
60 ml d'eau
80 ml de jus de citron vert
50 g de sucre brun
1 c. à c. de nuoc-mâm
80 ml de sauce aux piments douce
2 c. à s. de coriandre fraîche
grossièrement hachée

1. Mélangez les tomates, l'eau, le jus de citron vert, le sucre, le nuoc-mâm et la sauce aux piments dans une casserole. Faites chauffer à feu doux en remuant jusqu'à dissolution du sucre. Portez à ébullition et réduisez le feu. Laissez frémir à découvert environ 10 minutes jusqu'à ce que la sauce épaississe.

2. Retirez la casserole du feu et laissez refroidir. Incorporez la coriandre.

Par cuillerée à soupe *lipides 0,3 g ; 30 kcal*

Crème d'avocat

Pour 250 g

Préparation 10 minutes

1 avocat
60 g de crème aigre
75 g de mayonnaise
2 c. à s. d'huile d'olive
1 c. à c. de Tabasco
1 gousse d'ail pilée
30 g de feuilles de coriandre
1 c. à s. de jus de citron

1. Mixez tous les ingrédients jusqu'à obtention d'une pâte lisse.

Par cuillerée à soupe *lipides 7,5 g ; 72 kcal*

Légumes et accompagnements

Potiron aux noix

Pour 4 personnes

Préparation 15 minutes • Cuisson 15 minutes

800 g de potiron coupé en tranches épaisses

Sauce aux noix
50 g de noix, concassées et grillées
60 ml de jus de citron
125 ml d'huile d'olive
1 c. à s. de moutarde de Dijon
2 c. à s. de ciboulette fraîche émincée

1. Faites cuire les tranches de potiron au barbecue jusqu'à ce qu'elles soient dorées des deux côtés.

2. Servez-les arrosées d'un filet de sauce aux noix.

Sauce aux noix Mélangez les noix, le jus de citron, l'huile d'olive, la moutarde et la ciboulette.

Par portion *lipides 37,9 g ; 405 kcal*

Pommes de terre nouvelles aux champignons et aux olives

Pour 6 personnes

Préparation 10 minutes
Cuisson 45 minutes au barbecue couvert

6 gousses d'ail non épluchées
5 pommes de terre moyennes
non épluchées, coupées en quatre
6 oignons grelots
350 g de champignons de Paris
1 c. à s. de feuilles de romarin frais
80 ml d'huile d'olive
60 g d'olives noires dénoyautées
55 g de tomates séchées,
égouttées et coupées en deux
1 c. à s. de persil plat grossièrement haché

1. Mettez l'ail, les pommes de terre, les oignons, les champignons et le romarin dans une barquette en aluminium huilée. Arrosez d'huile d'olive. Faites cuire le tout 45 minutes au barbecue couvert (chaleur indirecte) jusqu'à ce que les pommes de terre soient tendres. Retournez régulièrement les légumes pendant la cuisson.

2. Ajoutez les olives et les tomates, parsemez de persil et servez aussitôt.

Par portion *lipides 13,4 g ; 273 kcal*

Céleri-rave rôti à l'ail

Pour 4 personnes

Préparation 15 minutes
Cuisson 1 heure au barbecue couvert

1 gros céleri-rave
1 grosse tête d'ail
2 c. à s. d'huile d'olive
50 g de persil plat haché
95 g de yaourt

1. Épluchez le céleri-rave et coupez-le en cubes de 3 cm. Placez le céleri et l'ail dans une barquette en aluminium et arrosez-les d'huile.

2. Faites cuire 1 heure au barbecue couvert (chaleur indirecte) jusqu'à ce que le céleri soit tendre et doré. Retournez-le régulièrement pendant la cuisson.

3. Coupez la tête d'ail en quatre. Extrayez la pulpe des gousses et pressez-la sur le céleri. Ajoutez le persil et mélangez.

4. Servez avec le yaourt.

Par portion *lipides 10,8 g ; 193 kcal*

Pommes de terre grillées à l'aïoli

Pour 4 personnes

Préparation 20 minutes • Cuisson 20 minutes

1 kg de pommes de terre à chair ferme

Aïoli
2 jaunes d'œufs
2 c. à s. de jus de citron
2 gousses d'ail pilées
180 ml d'huile d'olive

1. Coupez les pommes de terre en deux dans le sens de la longueur.

2. Faites-les griller au barbecue jusqu'à ce qu'elles soient tendres. Servez avec l'aïoli.

Aïoli Fouettez les jaunes d'œufs, le jus de citron et l'ail jusqu'à obtention d'une pâte homogène. Continuez à fouetter en versant progressivement l'huile d'olive jusqu'à ce que le mélange épaississe.

Par portion *lipides 44,1 g ; 561 kcal*

Vous pouvez préparer l'aïoli la veille et le conserver au réfrigérateur.

Courgettes à la chermoula

Pour 8 personnes

Préparation 10 minutes • Cuisson 10 minutes

8 courgettes moyennes

Chermoula

1 oignon rouge finement haché
2 gousses d'ail pilées
½ c. à c. de paprika fort
1 c. à c. de paprika doux
1 c. à c. de cumin moulu
125 ml d'huile d'olive
2 c. à s. de jus de citron
100 g de persil plat frais finement haché

1. Coupez les courgettes en deux dans le sens de la longueur.

2. Faites-les cuire au barbecue jusqu'à ce qu'elles soient légèrement dorées des deux côtés et encore un peu croquantes.

3. Servez les courgettes nappées de chermoula.

Chermoula Mélangez dans un bol l'oignon, l'ail, le paprika doux et le paprika fort, le cumin, l'huile d'olive, le jus de citron et le persil.

Par portion *lipides 14,7 g ; 150 kcal*

La chermoula est un mélange marocain à base d'oignon, d'ail, de persil frais et d'épices.

Légumes grillés à l'ail et aux herbes

Pour 4 personnes

Préparation 30 minutes
Cuisson 30 minutes au barbecue couvert

4 mini-aubergines
4 courgettes moyennes
2 poivrons rouges
2 poivrons verts
400 g d'oignons blancs, coupés en deux
300 g de champignons de Paris, coupés en deux
huile végétale

Sauce à l'ail et aux herbes

50 g de persil plat frais haché
2 c. à s. de menthe fraîche hachée
2 gousses d'ail pilées
1 piment rouge frais, épépiné et finement haché
80 ml de jus de tomate
1 c. à c. de zeste de citron râpé
2 c. à s. de jus de citron
1 ½ c. à s. d'huile d'olive
1 c. à c. de moutarde de Dijon

1. Coupez les aubergines et les courgettes en tranches épaisses, dans le sens de la longueur. Coupez les poivrons en quatre, retirez les graines et la membrane blanche.

2. Disposez les légumes dans une barquette en aluminium et badigeonnez-les d'huile.

3. Faites-les cuire 30 minutes au barbecue couvert (chaleur indirecte). Retournez-les régulièrement pendant la cuisson.

4. Retirez la peau des poivrons. Servez les légumes arrosés de sauce à l'ail et aux herbes.

Sauce à l'ail et aux herbes Mélangez le persil, la menthe, l'ail, le piment, le jus de tomate, le zeste et le jus de citron, l'huile d'olive et la moutarde.

Par portion *lipides 9 g ; 205 kcal*

Taboulé

Pour 4 personnes

Préparation 40 minutes

600 g de tomate
80 g de semoule
400 g de persil plat frais, grossièrement haché
1 oignon rouge moyen finement haché
1 tasse de menthe fraîche grossièrement hachée
60 ml de jus de citron
60 ml d'huile d'olive

1. Concassez finement les tomates en conservant le plus de jus possible. Versez les tomates concassées avec leur jus sur la semoule, dans un saladier. Couvrez et laissez reposer au moins 2 heures au réfrigérateur jusqu'à ce que la semoule soit tendre.

2. Mélangez le persil, l'oignon et la menthe avec la semoule et les tomates. Arrosez de jus de citron et d'huile d'olive. Remuez délicatement.

Par portion *lipides 14,9 g ; 206 kcal*

Chou blanc à la sauce citronnée

Pour 8 personnes

Préparation 25 minutes

1 chou blanc émincé
15 ciboules finement hachées
100 g de menthe fraîche grossièrement hachée
50 g de persil plat frais grossièrement haché
30 g de coriandre fraîche grossièrement hachée

Sauce citronnée

60 ml de jus de citron
1 c. à s. de moutarde de Dijon
125 ml d'huile d'arachide

1. Mélangez le chou, les ciboules, la menthe, le persil et la coriandre dans un grand saladier.

2. Versez la sauce citronnée sur la salade et remuez délicatement.

Sauce citronnée Mélangez le jus de citron, la moutarde de Dijon et l'huile d'arachide.

Par portion *lipides 14,6 g ; 169 kcal*

Salade de pâtes

Pour 6 personnes

Préparation 20 minutes • Cuisson 15 minutes

375 g de conchiglie
6 tranches de bacon
450 g de mayonnaise
90 g de moutarde à l'ancienne
180 ml de babeurre
3 branches de céleri, parées et émincées
1 poivron rouge émincé
40 g de ciboulette fraîche émincée
2 c. à s. de persil plat finement haché

1. Faites cuire les pâtes dans une grande casserole d'eau bouillante. Égouttez-les et laissez-les refroidir.

2. Coupez le bacon en petites lamelles et faites-les revenir dans une poêle préchauffée à feu moyen, en remuant, jusqu'à ce qu'elles soient dorées et croustillantes. Égouttez-les sur du papier absorbant.

3. Mélangez la mayonnaise, la moutarde et le babeurre dans un grand saladier.

4. Versez les pâtes, les lamelles de bacon, le céleri, le poivron, la ciboulette et le persil dans un saladier puis remuez délicatement.

Par portion *lipides 32,1 g ; 642 kcal*

Vous pouvez incorporer à la mayonnaise 2 cuillerées à café de curry ou d'une autre épice de votre choix.

Mesclun aux pignons de pin

Pour 8 personnes

Préparation 15 minutes

4 ciboules
400 g de mesclun
40 g de pignons de pin grillés

Vinaigrette citronnée
60 ml de jus de citron vert
60 ml d'huile d'arachide
2 gousses d'ail pilées
1 c. à c. de sucre

1. Coupez les ciboules en tronçons de 10 cm et émincez-les dans le sens de la longueur. Placez ces fines lanières dans un saladier d'eau glacée environ 10 minutes jusqu'à ce qu'elles s'enroulent sur elles-mêmes.

2. Égouttez les ciboules et transvasez-les dans un grand saladier avec le mesclun et les pignons. Arrosez de vinaigrette citronnée et remuez délicatement.

Vinaigrette citronnée Mélangez le jus de citron vert, l'huile, l'ail et le sucre.

Par portion *lipides 10,5 g ; 107 kcal*

Roquette au parmesan et aux tomates séchées

Pour 8 personnes

Préparation 20 minutes • Cuisson 3 minutes

60 g de parmesan
200 g de pousses de roquette
80 g de tomates séchées,
coupées dans le sens de la longueur
40 g de pignons de pin grillés
60 ml de vinaigre balsamique
60 ml d'huile d'olive

1. À l'aide d'un épluche-légumes, détaillez le parmesan en longs copeaux.

2. Mélangez la roquette, les tomates et les pignons dans un grand saladier. Ajoutez le parmesan et arrosez d'un filet de vinaigre et d'huile d'olive mélangés. Remuez délicatement.

Par portion *lipides 13,7 g ; 161 kcal*

Des pousses d'épinard peuvent remplacer la roquette.

Salade aux trois haricots

Pour 6 personnes

Préparation 35 minutes

300 g de haricots de Lima en boîte,
rincés et égouttés
300 g de haricots rouges en boîte,
rincés et égouttés
500 g de fèves surgelées,
épluchées
1 tomate pelée, épépinée
et grossièrement concassée
1 oignon rouge grossièrement haché
40 g de persil plat grossièrement haché

Vinaigrette
60 ml d'huile d'olive
60 ml de jus de citron
1 gousse d'ail pilée
½ c. à c. de sucre
½ c. à c. de poivre noir concassé

1. Mélangez les haricots de Lima, les haricots rouges, les fèves, la tomate, l'oignon et le persil dans un grand saladier.

2. Arrosez de vinaigrette et mélangez.

Vinaigrette Mélangez l'huile d'olive, le jus de citron, l'ail, le sucre et le poivre.

Par portion *lipides 9,6 g ; 163 kcal*

Salade de tomates aux oignons rouges et au basilic

Pour 4 personnes

Préparation 15 minutes

4 grosses tomates olivettes
coupées en tranches fines
2 petits oignons rouges, émincés
2 c. à s. de petites feuilles de basilic frais
poivre noir concassé
¼ de c. à c. de sucre
2 c. à s. de vinaigre balsamique
2 c. à s. d'huile d'olive

1. Disposez les tomates, les oignons et le basilic en couches alternées sur un plat de service. Saupoudrez de poivre et de sucre.

2. Arrosez d'un filet de vinaigre et d'huile mélangés.

Par portion *lipides 2,4 g ; 41 kcal*

Salade de pommes de terre chaudes

Pour 4 personnes

Préparation 10 minutes • Cuisson 20 minutes

4 œufs
4 tranches de bacon
coupées en petites lamelles
750 g de petites pommes de terre nouvelles
2 cornichons émincés
1 c. à s. de persil plat frais finement haché
200 g de mayonnaise
80 g de crème fraîche
2 c. à c. de jus de citron

1. Placez les œufs dans une casserole et recouvrez-les d'eau. Portez à ébullition puis laissez frémir 10 minutes. Videz l'eau. Rafraîchissez les œufs sous l'eau froide, écalez-les et coupez-les en deux.

2. Faites griller le bacon dans une poêle antiadhésive préchauffée jusqu'à ce qu'il soit doré et croustillant. Égouttez-le sur du papier absorbant.

3. Faites cuire les pommes de terre à l'eau ou à la vapeur. Égouttez-les et coupez-les en deux.

4. Mélangez les cornichons, le persil, la mayonnaise, la crème fraîche et le jus de citron dans une grande casserole. Faites chauffer à feu doux jusqu'à ce que le mélange soit tiède, puis transvasez-le dans un saladier avec les pommes de terre, le bacon et les œufs. Remuez délicatement.

Par portion *lipides 35,6 g ; 577 kcal*

Vous pouvez préparer le bacon et les œufs quelques heures à l'avance. En revanche, les pommes de terre et la mayonnaise doivent être chaudes au moment de servir.

Glossaire

BABEURRE ou lait de beurre. Utilisé pour donner un goût aigre et acidulé ; il peut être remplacé par du lait fermenté ou écrémé, ou du yaourt.

BROCOLIS CHINOIS légumes verts à longues feuilles. On peut les remplacer par des blettes.

CANNELLE écorce séchée des tiges du cannelier ; se présente sous forme de bâtons ou de poudre. Utilisée entière ou moulue, cette épice est très parfumée et délicatement sucrée.

CÂPRE bouton à fleur du câprier que l'on confit dans le vinaigre pour servir d'assaisonnement ou de condiment.

CARDAMOME en gousses, en graines ou en poudre. Saveur caractéristique, très parfumée, poivrée et douce à la fois. Originaire de l'Inde. Si vous l'utilisez entière, écrasez légèrement la gousse pour libérer son parfum.

CARVI plante de la famille du persil ; se présente sous forme de graines ou de poudre.

CHERMOULA mélange marocain à base d'oignon, d'ail, de persil frais et d'épices.

CHOY SUM aussi appelé bok choy à fleurs ; toutes les parties sont comestibles.

CIABATTA signifie « pantoufle » en italien. Pain traditionnel cuit au feu de bois, en forme de miche et à croûte croustillante.

CIBOULETTE plante de la famille de l'oignon et du poireau, à la subtile saveur d'oignon.

CINQ-ÉPICES mélange parfumé de cannelle, clous de girofle, anis étoilé, poivre du Sichuan et graines de fenouil.

CITRONNELLE herbe longue, touffue, au goût et à l'odeur de citron. On hache l'extrémité blanche des tiges. Utilisée dans de nombreuses cuisines asiatiques. Les tiges peuvent être employées comme support pour des brochettes de poisson ou de viande blanche.

CLOU DE GIROFLE bouton à fleur, séché, du giroflier ; il s'utilise entier ou en poudre.

COLORANT ALIMENTAIRE se présente sous forme de liquide, de poudre ou de pâte concentrée.

CORIANDRE on utilise les feuilles, les racines ou les graines, qui n'ont pas du tout le même goût. Il ne faut jamais remplacer des graines ou de la coriandre moulue par de la coriandre fraîche, ou vice versa, car leurs saveurs sont très différentes.

CRAPAUDINE technique consistant à fendre une volaille en deux, à l'aplatir et à la faire griller ainsi.

CUMIN graines petites et allongées, de couleur jaune pâle ou brun clair, présentent une saveur âcre et aromatique. Elles peuvent être utilisées entières ou moulues.

CURCUMA plante de l'Inde dont le rhizome offre une saveur intense, avec un léger goût de safran et de gingembre. On utilise cette racine séchée et moulue.

CURRY mélange d'épices moulues couramment utilisées dans la cuisine indienne. Comporte, dans des proportions très variables selon les recettes, du piment séché, de la cannelle, de la coriandre, du cumin, du fenouil, du fenugrec, du macis, de la cardamome et du curcuma.

ÉCORCES DE CITRON CONFITES condiment indien à base d'écorces de citrons confites, de poivre noir, de graines de coriandre, d'oignon séché haché et de thym séché haché.

FOCACCIA d'origine italienne, il s'agit d'une pâte à pain à l'huile d'olive dressée sur plaque rectangulaire et dégustée dès la sortie du four. Elle est débitée en portions qui sont elles-mêmes fourrées d'ingrédients variés (charcuterie, tomates, etc.).

GINGEMBRE rhizome d'une plante tropicale vendue en tubercules de 4 à 10 cm de long. S'utilise épluché et râpé ou détaillé en tranches ou en bâtonnets. On le trouve également moulu, mais sa saveur est moins relevée.

HARICOTS NOIRS haricots noirs de soja ou haricots noirs salés, ils ont fermenté dans du sel et des épices ; hachez-les ou écrasez-les légèrement avant utilisation.

HUILE

d'arachide à base de cacahuètes moulues. La plus utilisée dans la cuisine asiatique parce qu'elle chauffe sans fumer.

de graines de moutarde une huile légère, obtenue par la première pression de graines de moutarde. Peut être remplacée par de l'huile de noisettes ou de noix.

d'olive celles de meilleure qualité sont vierges ou vierges extra et proviennent du premier pressage de la récolte. Excellentes dans les salades. On trouve des huiles plus ou moins fortes en goût (une mention sur l'étiquette signale s'il s'agit d'une huile douce ou d'une huile parfumée).

de sésame à base de graines de sésame blanc, rôties et pilées. Plus pour parfumer que pour cuisiner.

végétale à base de plantes et non de graisses animales.

KAFFIR (CITRONNIER) originaire d'Afrique du Sud et d'Asie du Sud-Est. Petit citronnier qui donne des fruits jaune vert à l'écorce ridée. On utilise essentiellement ses feuilles, très aromatiques qu'il convient de découper en fines lanières. Très employé dans la cuisine thaïe.

KECAP MANIS sauce soja indonésienne, épaisse et sucrée, dans laquelle ont été ajoutés du sucre et des épices.

LAVASH pain plat sans levain, originaire du Moyen-Orient.

LENTILLES CORAIL lentille orange très petite, originaire du Moyen-Orient.

MANGE-TOUT aussi appelés pois gourmands. Variété de haricot large et plat.

MESCLUN mélange de jeunes feuilles de salade : laitue, roquette, feuille de chêne, pourpier, trévise, mâche...

MOUTARDE

graines les plus utilisées sont les graines de moutarde noire (les plus fortes), de moutarde brune (un peu plus amères) et de moutarde blanche (légèrement sucrées).

à l'ancienne moutarde très parfumée, avec des graines concassées.

NUOC-MÂM sauce à base de poisson fermenté et salé (généralement des anchois). Très odorante, elle a un goût marqué. Il en existe des plus ou moins fortes.

OIGNON

ciboule oignon cueilli avant la formation du bulbe, dont on mange la tige verte.

de printemps bulbe blanc, relativement doux, aux longues feuilles vertes et croustillantes.

jaune oignon à chair piquante ; utilisé dans toutes sortes de plats.

rouge plus doux que les oignons blancs ou jaunes, il est délicieux cru dans les salades.

PAPRIKA piment doux, séché et moulu. Existe en version douce ou forte.

PÂTE TANDOORI mélange indien d'épices parfumées et pimentées, comprenant du curcuma, du paprika, du piment, du safran, de la cardamome et du garam masala.

PÉCAN (NOIX DE) noix d'un brun doré, à consistance un peu grasse et au goût très fin.

PESTO pâte composée de basilic frais, d'huile d'olive, d'ail, de pignons et de parmesan.

PIGNONS DE PIN graines issues des cônes de différentes variétés de conifères.

PIMENTS il en existe toutes sortes de variétés, tant frais que secs. Plus un piment est petit, plus il est fort. Mettez des gants en caoutchouc quand vous les épépinez et les coupez car ils peuvent brûler la peau. En enlevant graines et membranes, vous les rendez moins forts.

piments thaïs petits piments frais, allongés, rouges ou verts ; très forts.

piment moulu à utiliser faute de piments frais, à raison de ½ cuillerée à café de piment moulu pour 1 piment frais moyen haché.

PITA pain libanais à base de farine de blé. Il est vendu en galettes plates dont on forme des chaussons.

ROQUETTE salade verte à saveur poivrée.

SAMBAL OELEK condiment d'origine indonésienne, composé de piments broyés, de sel, de vinaigre et de diverses épices.

SAUCES

aux prunes sauce épaisse aigre-douce, à base de prunes, de vinaigre, de sucre, de gingembre, de piment et d'épices.

barbecue sauce épicée à base de tomate, utilisée pour faire mariner les viandes, les arroser pendant la cuisson ou les accompagner.

hoisin sauce épaisse, sucrée et épicée, à base de fèves de soja, salées et fermentées, d'oignon et d'ail.

aux huîtres sauce brune épaisse obtenue en faisant mijoter des huîtres dans de la sauce soja, avec du sel et de l'amidon.

aux piments douce sauce peu épicée, du type thaï, composée de piments, de sel et de vinaigre.

aux piments épicée variété chinoise composée de piments, de sel et de vinaigre.

soja elle est composée d'un mélange de haricots de soja, de blé et d'eau qu'on laisse fermenter ; il en existe plusieurs variantes, plus ou moins concentrées ou agrémentées d'autres ingrédients.

Tabasco nom de marque d'une sauce très forte, à base de vinaigre, de sel et de piments rouges forts.

teriyaki sauce soja, sirop de maïs, vinaigre, gingembre et autres épices ; donne une brillance caractéristique aux viandes grillées.

Worcestershire sauce brun foncé, épicée.

SÉSAME graines ovales, noires ou blanches, provenant d'une plante tropicale appelée *Sesamum indicum*. Bonne source de calcium. Pour les faire griller, étalez-les dans une poêle antiadhésive et remuez brièvement à feu doux.

TOMATES SÉCHÉES elles sont souvent conservées dans l'huile.

TORTILLAS pain rond, sans levain ; on le trouve frais, congelé ou emballé sous vide.

VIN DE GINGEMBRE VERT alcool de gingembre qui titre à 14° et a un goût de gingembre frais. Vous pouvez le remplacer par du vermouth ou la même quantité de sirop de gingembre en bocal.

VINAIGRE

blanc à base de sucre de canne.

balsamique le seul vinaigre balsamique authentique est celui de Modène, en Italie ; il est fabriqué à partir d'un vin régional de cépage trebbiano. Il doit son parfum délicat à son vieillissement en fût de bois, qui peut aller de quelques mois à cinquante ans.

de malt à base de malt fermenté et de copeaux de hêtre.

de riz à base de riz fermenté.

de vin blanc à base de vin blanc fermenté.

de vin rouge à base de vin rouge fermenté.

Index

maraboutchef

Vous avez choisi "barbecue party", découvrez également :

Et aussi :

Traduction : Catherine Bricout et Élisabeth Boyer
Suivi éditorial : Natacha Kotchetkova
Correction : Véronique Dussidour
Mise en page : Les PAOistes

Hachette Livre (Marabout) - 43, quai de Grenelle – 75905 Paris CEDEX 15

Extraits de *Barbecue party*, publié pour la première fois en Australie sous le titre *Great Barbecue Food*.

Dépôt légal : avril 2010 - 40.5705.5 - ISBN : 978-2-501-06562-7
Édition 01 / Imprimé en Espagne par Gráficas Estella.